U0708215

韓祝齡篆刻

天津朱卷集成

（一）

劉宗江 編

天津出版傳媒集團
天津古籍出版社

『十四五』國家重點圖書出版規劃項目

津沽筆記史料叢刊第十二種

主編 王振良

圖書在版編目（CIP）數據

天津朱卷集成 / 劉宗江編 . -- 天津 : 天津古籍出版社, 2022.3

（津沽筆記史料叢刊 / 王振良主編）

ISBN 978-7-5528-1208-4

Ⅰ. ①天… Ⅱ. ①劉… Ⅲ. ①科舉考試－試卷－匯編－天津－清代 Ⅳ. ①D691.46

中國版本圖書館 CIP 數據核字（2022）第 029230 號

天津朱卷集成

TIANJIN ZHUJUAN JICHENG

劉宗江 / 編

出　　版　天津古籍出版社
出 版 人　張　瑋
地　　址　天津市和平區西康路 35 號康岳大厦
郵政編碼　300051
郵購電話　（022）23517902

策　　劃　唐　艦
責任編輯　鄭　偉
責任校對　王羽茜　王浩辰　方　梅
翻　　譯　天津樂譯通翻譯服務有限公司

印　　製　天津市天辦行通數碼印刷有限公司
經　　銷　新華書店
開　　本　880 毫米 ×1230 毫米　1/32
印　　張　97.625
版次印次　2022 年 3 月第 1 版　2022 年 3 月第 1 次印刷
定　　價　580.00 圓（全六册）

津沽筆記史料叢刊總序

陶慕寧

三津之地，舊稱直沽。地當九河津要，路通七省舟車。其域在漢屬勃海、漁陽二郡，隋屬河間、涿郡、漁陽三郡，唐爲幽、滄二州地，宋爲清、滄二州地，元屬大都、河間二路。明建文初，燕王朱棣啓『靖難之役』，經三汊河口襲取滄州。越三載登基，遂敕名其地爲天津，喻『天子津渡』之意也。永樂初年，置天津三衛，屬河間府。清初設關，置總兵鎮守。雍正二年（一七二四），改天津衛爲州，至九年（一七三一）升府，領州一縣六。咸豐十年（一八六〇），天津開埠，漸成列强争逐貿易之洋場，今則巋然爲中國之直轄市矣。然則自建衛以迄於今，都六百餘年，考之地理河渠，其所以爲重鎮者實有二端：一則處畿輔要衝、海疆門户，此地不守，鼎湖危殆，故又稱之『津門』；二則處漕運樞紐，南接淮泗，北達通州，東吴之稻、長蘆之鹽，或經海路，或付漕舡，皆賴此地轉輸入京。元人王懋德《直沽》詩云『極目滄溟浸碧天，蓬萊樓閣遠相連。東吴轉海輸粳稻，一夕潮來集萬船』，即當日天津海漕之實録也。

金元以降，天津之隸屬、轄區屢經更易，而魚鹽之利、商賈之繁、居人之雜、風俗之盛，固未嘗大變。明正統初，始建天津衛學，其後科舉漸興，應進士之選者代不乏人。其早者，若汪來，嘉靖二十年（一五四一）進士，官至慶陽知府，撰有《北地紀》四卷；若張愚，嘉靖二十九年（一五五〇）進士，仕至右副都御史；若劉燾，嘉靖三十八年（一五五九）進士，仕至兵部右侍郎、右都御史。又，隆慶五年（一五七一）一科會試，即有劉鈺、張佑、任天祚三人登第。是知其地不獨商貿繁衍，人文亦頗有可稱者。逮清季民國，政局傾頹，西潮澒洞，外人雲集。大賈居豪，舞長袖而吸金；失意政客，憑租界以窺勢。而承學之士、詞客報人，亦矍然蔚起，斥清廷之昏瞀，揭時政之危局。天津乃漸成消息之淵藪、政治之策源矣。

今之天津爲工業重鎮，襟帶華北，遠接大洋，經濟之繁榮、民生之富庶，殆亘古所未嘗有。而未來之前景，正未可限量。然一地一城之聲譽，非盡可以經濟之榮悴衡之，天津若欲立於中國城市之林，尚需發弘卓然獨特之文化。而欲發弘文化，則需爬梳董理相關之史料，若人文之聚散、古迹之存堙，若張氏遂閑堂、查氏水西莊，若梅樹君之梅花詩社、嚴範孫之城南詩社，若天妃宫之遞嬗、稽古寺之重修、大悲院之沿革、楊柳青之題咏，進而長蘆鹽場之種賣、銀魚鐵脚之烹炒，甚乃方言之特异、風俗之淳澆，皆有待詳爲稽考揭櫫於世者，而後激濁揚清，乃可發揚之，光大之。

王振良君，籍屬長白，早年肄業於南開大學，後就職今晚報社。其爲人謙退揖讓，有古君子風；爲學則鈎沉索隱，爬羅剔抉，有東原、實齋之致，兼高郵、嘉定之勤。十數年來，篤志於天津文獻之搜集編訂，遍訪地方耆宿，覓求稀見古籍，焚膏繼晷，殫慮竭精，以搜羅地方先賢著述、發煌沽上人文風俗爲使命。其所編訂之《問津》《天津記憶》，本已頗具規模。復又推出《問津文庫》，更自琳瑯滿目。今《文庫》之《津沽筆記史料叢刊》又將付剞劂，屬余爲弁言。余何幸如之，草此數言爲振良君賀，亦爲天津歷史文化之彰宏賀。

甲午歲末於南開大學範孫樓

（陶慕寧，南開大學文學院教授、博士生導師）

Foreword to *Jingu (Tianjin) Collection of Historical Notes*

Tao Muning

Tianjin, alternatively known as Sanjin and Zhigu in ancient times, strategically located where nine major rivers of Tianjin connecting many provinces by water transports. In history, Tianjin was under the jurisdiction of different counties (Baohai and Yuyang in the Han dynasty; Zhuo in the Sui dynasty), prefectures (You and Cang in the Tang dynasty), and roads (*Dayidu* the Capital and Hejian in the Yuan dynasty). In the early years of the Jianwen reign of the Ming dynasty, Zhudi, the king of Yan, launched "the revolt of Jingnan", striking Cangzhou by using the strategic superiority of water transport. Three years later, Zhu took the throne and named this region Tianjin, meaning the "Port of the Son of Heaven". In the first year of Yongle reign, he ordered to set up three garrisons there under the governing of Hejian prefecture. In the early years of Qing dynasty, a customs administration was set up and governed by local viceroy. In the 2nd year of the Yongzheng reign (1724), Tianjin garrisons were merged into one prefecture. In the 9th year (1731), the prefecture was upgraded into a quasi-province under which were six counties and one prefecture. In the 10th year of the Xianfeng reign (1860), Tianjin grew gradually into a trade port several foreign powers coveted for as well as a metropolis infested with foreign adventurers. With the founding of PRC (1949), it became a municipality directly under the central government.

Over the past six centuries since the establishment of the garrisons, based on the survey of local geography, for instance, on rivers and canals, Tianjin remains a metropolis of strategic significance for the two factors: first, its location in the vicinity of the country's capital and by the territorial sea as a critical "port gate" that demands rigid national defense lest any risk of the nation's perishing; second, As a port hub connecting huaihai in the south and Tongzhou in the north, grain from the south and salt from Changlu will pass through here and be transferred to Beijing by way of water transport. As Wang Maode, a poet in Yuan dynasty, once wrote in his poem:

The blue sky meets the sea on the horizon,
Penglai Pavilion seems far away yet within my reach;
Grains delivered from the South to Capital through here,
Ships are summoned back to port by tide at dusk.

Wang's poem is a true portrayal of the busy scene at *Tianjin* port on that day.

During the Jin and Yuan dynasties, the jurisdiction of Tianjin changed several times, yet there was no side effect to the prosperity of fishing and salt industry, the lively exchanges between merchants, the caste of local people and the prosperity of Tianjin's life style. Tianjin Local Institution was founded in the early years of the Zhengtong reign of the Ming dynasty. Soon after that, the imperial examination system was gradually popularized, and every year there were many learners who could take the imperial examinations. Wang Lai, an earliest candidate in the 20th year of the Jiajing reign (1541), was eventually appointed Qingyang prefectural governor, who ever wrote a four-volume book of *The Chronicle of the Northern Land*; Zhang Yu, the candidate in the 29th year of the Jiajing reign (1550), vice chief censor; Liu Tao, the candidate in the 38th year of the Jiajing reign (1559), vice minister of the Ministry of War and chief censor; and in the 5th year of the Longqing reign (1571), three candidates (Liu Yu, Zhang You and Ren Tianzuo) all passed the provincial-level imperial examination of the year. This indicates that Tianjin was prosperous in not only trading but also humanity. In the years between Qing dynasty and the early Republic of China period, when the political situation fell into decadence, the western thought prevailed. Many foreigners flocked to Tianjin. Some of them built houses and settled down here, started businesses and made money. Some failed politicians also bide their time in the concessions. And many learned people choose to promote advanced political ideas. They denounced the foolishness of the Qing government and warned people of the danger of China at that time. Tianjin also became the political center of the era.

Nowadays, Tianjin is a strategic seaport and industrial metropolis in north China, which is experiencing its unprecedented economic prosperity and wealth with an immeasurably promising prospect. However, the good reputation of a region or a city cannot just be assessed in reference to its economic prosperity. The extraordinary culture should be taken into consideration as well. Tianjin is not an exception. Only with its unique culture, can Tianjin stand out among Chinese cities. To inherit and carry forward local culture, we need scholars to collect, collate, research and publish the historical literature of locality, including documents of the local talents, notes about historic relics and ruins. For example, the pedigree of the house of Zhang, the Westcanal villa of the Zhas', the Wintersweet Poetry Saloon founded by Mei Chengdong, Yan Fansun's Citysouth Poetry Saloon, the renovation of the Goddess of Sea temple, the reconstruction of the Jigu temple, the evolution of the Bodhisattva temple, as well as the ode inscriptions at Yangliuqing old town, Changlu salt business, the cuisine of silverfish on tripod, even the unique Chinese dialects and Tianjin customs. These ancient notes and materials can be sorted out by textual research for future generations to consult. This can be regarded as the development of these materials.

Wang Zhenliang, a native of Changbai, a graduate of Nankai University and a staff at the Evening Daily newspaper, impressed people as a modest gentleman like those in ancient China. He's also known, like some other scholars including Dai Dongyuan and Zhang Shizhai, for his collection, collation and research of Tianjin-specific classic literature along with his part-time services to the branches of Gaoyou, Jiading and elsewhere. In order to search and compile historic literature about Tianjin over the past decades, he has been dedicated to the compilation as his mission. Based on his extensive fieldwork to old town and interviews with elders, he finally able to complete his life work that reflects distinctive and unique Tianjin (Gushang) folklore. His works, like *Wen Jin* and *Tianjin Memories,* are already quite popular among the readers, let alone the all-embracing *Wen Jin Series* later he published. As part of the series, *Jingu (Tianjin) Collection of Historical Notes* will be put into print, to which I am invited to contribute a foreword. It is a great honor for me indeed to congratulate his publication of the Collection and publicity of the history and culture of Tianjin.

Tao Muning

Professor / PhD Supervisor

School of Liberal Arts, Nankai University

December 2014

Yen-Hsiu Building of the University

前言

據《天津縣新志·選舉》記載：『建衛四十三年始有舉人，又十九年始有進士，自有明以迄清初，寥寥不數覯也。改縣以後，文運日啓，獲第漸多，迨至光緒庚子以前，登乙榜者幾占全省中額十分之二，甲榜則占全省中額四分之一，科名之盛，亦云極矣。』從縣志記載來看，僅光緒朝天津就有鄉試得第的舉人一百七十餘名，而會試高中進士者達四十餘人。如何瞭解這些士子？如何獲知其家族歷史？朱卷無疑提供了較爲完備的答案。本書以天津縣、武清縣、寶坻縣、薊州、寧河縣、静海縣六部分爲准，彙編了域内士人朱卷二百餘份，堪爲研究地方文化者參考。

提起朱卷，必然離不開鄉試和會試。科舉時代秀才考舉人，謂之鄉試。鄉試三年一科，逢子、卯、午、酉年進行，爲正科，謂之『大比之年』。遇萬壽或特殊慶典加試，謂之恩科。鄉試在各省城貢院舉行。凡省内生員經歲考、科考或録遺合格者，及監生、蔭生、貢生，均可應試。鄉試在中秋前後舉行，故稱『秋闈』。放榜之時正值桂花飄香，因名『桂榜』。鄉試考中的稱舉人，第一名稱解元，第二名稱亞元，第三、四名稱經魁，五至十四名可稱經魁或亞魁。明清時期，舉人原則上即獲得了選官入仕的資格，同時可參加次年在京師舉行的會試。

會試是禮部主持的全國考試，又稱『禮闈』。會試在鄉試第二年即逢丑、辰、未、戌年舉行。全國舉人均在京師會試，會試考期在春季二月，故稱『春闈』。主考官稱總裁，又稱座主或座師。考試取中的稱貢士，第一名稱會元。

會試之後還有殿試，在同年的三月舉行，應試者爲貢士。貢士在殿試中均不落榜，衹是重新安排名次。殿試由皇帝親自主持，衹考時務策一道。殿試完畢，次日讀卷，又次日放榜。録取分三甲：一甲三名，賜進士及第，第一名稱狀元，第二名稱榜眼，第三名稱探花，合稱『三鼎甲』；二甲賜進士出身；三甲賜同進士出身。二、三甲的第一名皆稱傳臚。中式一、二、三甲者通稱進士。進士榜稱『甲榜』或『甲科』，中進士則稱『金榜題名』。清代新科進士取得出身後，除一甲進士直接授官外，二甲、三甲進士由禮部整理名册送翰林院掌院學士，奏請皇帝再試于保和殿，并特派大臣閱卷，稱爲朝考。朝考後視各人所能，以成績等第分别授職，最優者選翰林院庶吉士，其餘用爲主事、中書、知縣等。

朱卷亦記爲硃卷，指科舉考試時將試卷彌封後由謄録生用紅筆重新謄寫的卷子，目的是使考官無法識别考生字迹，以防作弊。與此相區别，考生用黑筆作答的原卷稱爲墨卷。明清時期，經謄録的朱卷主要是鄉試試卷和會試試卷。此外還有一種被稱爲朱卷的刊刻卷，是考取功名者將自己的試卷按照規定版式刻印成册，印製數十至數千份不等，分送給師長親友，以彰顯門庭，光宗耀祖，也爲他人提供治學或科舉的參照，同時還能起到公示作用。本書收録的即是此類朱卷。

完整的朱卷一般由履歷、科份頁和考生文章三部分組成。履歷項一般包括考生履歷、家族譜系、從學師承和歷科考試成績。考生履歷由考生姓名、字、號、排行、出生年月、出生時辰、現籍、祖籍、學生類型、籍類等組成，同時還要記録已取得的功名、官職、著述等。家族譜系包括考生上起始祖、下至子女輩的所有親緣，一般是上半部分爲嫡親，下半部分爲對應各輩的叔伯兄弟。上行嫡親譜系之後，是考生的師承部分，其中主要有受業師、課師、肄業師、受知師等，常單獨或組合出現在履歷中，師承項載有教師的姓名、字、號及科名、官階，以彰顯資歷。朱卷履歷末頁師承項之後爲考試信息，上欄記有歷次科舉考試成績，如會試卷履歷，最基本的是鄉試名次、會試名次、殿試甲次名次，朝考等次名次，部分朱卷還標明朝考後去嚮。朱卷履歷最下端一般載有士子的居住地。印行朱卷的第一頁爲紅色，有木刻版龍紋，中間印有『欽命四書詩題』，其後爲墨版印刷頁。最後部分爲考生文章。清代科舉的鄉、會試考題，形式基本相同：首場四書文三篇，試帖詩五言八韵一首；二場五經文五篇；三場策問五道。因清代取士最重首場，故首場撰寫的四書文與試帖詩成爲鄉、會試朱卷刊刻慣例，文章開始標明考試名次，其後是各考官的批語，應試八股文後是試帖詩，二、三場試題是否刊刻，則因人而异。

科舉考試有固定的文體，在清代主要是八股文。八股文結構有一定的程式，字數有一定的限制，句法要求排偶，又稱爲『時藝』『制藝』。八股文章就四書五經取題，開始先揭示題旨，爲『破題』。接着承上文而加以闡發，叫『承題』。然後開始議論，稱『起講』。再後爲『入題』，作爲起講後引出正文的突破口。以下再分『起股』『中股』『後股』和『束股』四個段落。每個段落中，都有兩股排比對偶的文字，合共八股，故稱『八股文』。最後是『收結』，即收場結束語，一般在八句之内。句子長短、字之繁簡、聲調高低等也都要相對成文，字數均有限制。其所論内容，都要根據宋代朱熹《四書章句集注》等書，『代聖人立説』。八股文對士子邏輯思維的敏鋭性以及掌握知識的全面性、運用修辭手法的準確性等，都有不同程度的嚴格訓練，目的是通過嚴格的手段和平等的競争爲國家遴選人才。

在士子朱卷履歷項具體列明『受業師』或『業師』之前，大多標注『謹以受業先後爲序』等説明文字，這種以受業先後爲序的師承記録中，族親類師承人物大都居於前列，多從蒙師開始，一般功名較低。『受業師』是指傳授舉業知識、指導士子參加科舉考試的老師。肄業階段的課師謂之『肄業師』，肄業師是士子有獨立學習能力之後的輔導或考課教師，主要負責點評士子八股制藝文章，包括書院專職教師和管理人員，大多以『山長』『掌教』『主講』爲稱。師課是書院山長主持的考課，又稱爲院課、堂課、山長課等，考試由山長命題、審閲試卷并劃分成績等第，由書院撥款獎勵考課優秀者。此外，肄業師還包括進行官方考課的各級行政長官，他們以官方名義定期進行書院考課。官員考課不僅給肄業生徒帶來了學業督促，往往還能提供書院教師難以負擔的經濟資助，是爲『拔其尤异，厚予廪餼』。朱卷履歷中『受知師』指鄉試、會試、殿試、朝考等各級科舉考試中的考官。受知師雖然一般不參與士子的學業指導，但他們對士子有拔取之功，士子終生感其知遇之恩，同時也願意標明自己師出名門，爲將來入仕打下基礎。

朱卷履歷所記載的，不僅僅是應試舉子本人的傳記資料，如歷次科考、師承關係，更重要的是還有其家族世系史料，既包括父系每一位家庭成員的姓名、字、號、官職、著述、族系關係，也包括母家親族，諸如祖母、母親的父兄以及其他家族成員如叔伯等，主要記載有功名者，且指出與當事人的關係。在上欄嫡系血親部分還常有『本生父母』与『父母』的記載：稱『本生父母』的爲親生父母，其後稱『父母』的爲過繼之後的養父母。上欄嫡系血親部分的最後，還要標明血親是否健在，具體如下：『重慶下』爲祖父母均健在，『祖命下』爲祖父在，『祖慈侍下』爲祖母在，『具慶下』爲父母均健在，『嚴命下』爲父在，『慈侍下』爲母在，若書『永感下』，則意指父母俱亡。下欄最後標明士子妻子、兒女的詳細情況，妻子家族父兄及其他家族成員有功名者一概録入，并指明與妻子的關係，兒女成婚的親家家族有功名者也一并録入。綜上可知，朱卷堪稱研究科舉家族之間聯姻最完整的原始資料。朱卷履歷因要呈報官方，所以大都具有内容的準確性。由於朱卷履歷中記述了每一位家庭成員，故可以看作家譜的縮編，相當於一部家族成員世系索引，可充當家譜使用。這對於一些家譜遺失的家族尤爲重要。

朱卷所記載的科舉家族聯姻，雖然有利用聯姻機會擴大家族勢力的政治目的，但他們更看重的是世代傳承的書香門第以及門當户對，其間起決定性作用的是家族的文化素養，而不是權力和財富。清代科舉家族成員中進士、舉人數量較多的就是著名科舉家族，他們子女聯姻的家族往往也是著名科舉家族。有的科舉家族科名綿延數代，如天津華氏家族（如華長卿、華世奎）、楊氏家族（如楊一崑、楊雲棟）、金氏家族（如金甌、金恩科）、殷氏家族（如殷序之、殷嘉樹）、姚氏家族（如姚逢年、姚承恩）以及土城劉氏家族、于明莊劉氏家族，還有寶坻李氏家族、武清曹氏家族、寧河談氏家族、静海朱氏家族等，這些家族數代都有多人入仕，爲簪纓世族。

爲數衆多的科舉家族，包含了大量的舉人、進士。這些科舉家族有的延續兩三百年，其間家族的始祖源流，家族重要人物的遷徙地點及遷徙時間在朱卷中也多有記載，從中可以分析出與其他地區家族成員的親疏關係等。遷徙原因也會在朱卷標出，如宦居、避亂、經商等，這些資料都是相當珍貴的。越是晚清的士子，所屬家族的資料就越全面。

朱卷作爲記載科舉考試的歷史文獻，隨着清末科舉制度的廢除而受到忽視，造成這方面的資料散失嚴重。天津明代和清代早期的朱卷極難尋覓，本書入選的大都是清代中晚期的，時間跨度爲乾隆三年（一七三八）至光緒三十三年（一九〇七）。

資料來源主要分三個部分：一是二〇〇六年學苑出版社出版的來新夏先生主編《清代科舉人物家傳資料彙編》，該書爲國家清史編纂委員會項目，是收録清代科舉人物朱卷履歷資料的專著；二是一九九二年臺北成文出版社出版的《清代硃卷集成》，由顧廷龍先生主編，該書收録朱卷比較完整，包括士子履歷以及鄉試、會試的文章；三是哈佛大學燕京圖書館（原漢和圖書館）所藏數字化古籍善本，在其收録的清代鄉試、會試同年録和齒録中，編者搜出帶有朱卷履歷的士子七十餘人。

本書按清代行政區域，彙編清代天津士子二百三十餘人的朱卷。在編排時按地域分爲天津縣、武清縣、寶坻縣、薊州、寧河縣、静海縣六大部分。在每個地域之内，又按會試、鄉試、貢生考選分爲三部分，每部分都依科考年份先後排列，同一科的則依所取名次先後論序。其中目録内帶有『*』號的爲録有科舉文章的士子。又有若干兄弟同科者原來就編入同一朱卷，如天津徐世昌、徐世光兄弟，天津華鎮、華鑄兄弟，静海朱式曾、朱式泉兄弟，寶坻李德良、李德坊兄弟等，收録時均保持原貌。此外，編者還根據《天津縣新志》記載，找到流寓异地而以外籍身份考中進士或舉人者三人，流寓濟南的梁錦奎、流寓宛平的孟錫玨考中進士，流寓北京的徐如鈺以大興籍考中舉人，此三人朱卷也一并收録。廣爲熟知的水西莊查氏四人：查恩綬、查乘漢、查爾崇、查雙綬因寄籍天津，均列入天津境内。

本書編輯歷時一年，編者對每份朱卷逐頁瀏覽，每鈎沉出天津籍士子一人，無論熟與不熟都無比驚喜，看到熟悉的會感覺這些歷史人物離我很近，看到不熟的則意味着極有可能又有了新的發現。希望本書的出版，能引起天津地方文化研究者關注。本次整理，對散落民間的天津朱卷均未涉及，不能不説是一個遺憾，願有志者增補之。我相信此書會爲天津文史學者、社會學者、人口學者、民俗學者提供天津士子的第一手家族資料。我也希望書中這些士子的後人，特別是那些遺失了家譜的後人看到後，可以藉此更好地瞭解自己的家族。正是那句古訓：『忠厚傳家遠，詩書繼世長。』作爲有數千年歷史的文明古國，我們更應承續傳統文化，提升家族品位，提升個人素質，以此來報效國家和民族。

劉宗江於己亥年新正

目録

第一册

天津縣（一四七份）

會試

葉際春　嘉慶七年 壬戌科 ……〇〇〇五
陸　樟　嘉慶七年 壬戌科 ……〇〇〇七
劉恩慶　嘉慶二十五年 庚辰科 …〇〇〇九
劉　錞　道光三年 癸未科 ……〇〇一一
姚承恩　道光十三年
　癸巳補行正科 ……………〇〇一三
費蔭樟　道光十五年 乙未科 …〇〇一九
吴惠元　道光二十四年 甲辰科 …〇〇二七
郭師泰　道光二十四年 甲辰科 …〇〇三三
殷嘉樹*道光二十四年 甲辰科 …〇〇三五
焦駿楓　同治四年 乙丑科 ……〇〇六九
李世珍　同治四年 乙丑科 ……〇〇七七
李錫朋　同治十年 辛未科 ……〇〇八三
辛家彦　同治十三年 甲戌科 …〇〇八九
王用欽*光緒二年 丙子恩科 …〇一〇三
沈士鑠　光緒六年 庚辰科 ……〇一三三
嚴　修　光緒九年 癸未科 ……〇一四三
曹嶲瀛*光緒九年 癸未科 ……〇一六五
徐　謙　光緒九年 癸未科 ……〇一九七

齊學瀛　光緒九年癸未科……○一九九
徐世昌*光緒十二年丙戌科…○二○五
劉學謙*光緒十二年丙戌科…○二四一
劉彭年*光緒十五年己丑科…○二八九
陳澤霖　光緒十五年己丑科…○三二一
陳恩壽　光緒十五年己丑科…○三三一
朱　錦　光緒十五年己丑科…○三三三
何錫章　光緒十五年己丑科…○三三五
華俊聲*光緒十六年庚寅恩科…○三四五
華世銘　光緒十六年庚寅恩科…○三八七
徐鴻泰*光緒十六年庚寅恩科…○三八九
杜　彤　光緒十八年壬辰科…○四一五
趙士琛*光緒十八年壬辰科…○四二九

第二册

趙鑾揚*光緒十八年壬辰科…○四七三
孟錫玨*光緒二十四年戊戌科…○五七七
魏　震　光緒二十四年戊戌科…○六○五

鄉試

于豹文　乾隆三年戊午科……○六一七
周人麒　乾隆三年戊午科……○六一九
靳世菁　乾隆三年戊午科……○六二一
張文運　乾隆三年戊午科……○六二三
楊秉鐸*乾隆二十一年丙子科…○六二五
張紹廷*嘉慶六年辛酉科……○六四三
陳其蘊*嘉慶十二年丁卯科…○六六五
王履謙　嘉慶十五年庚午科…○六八九

張春臺　嘉慶十八年 癸酉科 …… 〇六九三
徐金度　嘉慶二十三年
戊寅恩科 …………………… 〇六九五
王廷棻　道光元年 辛巳恩科 …… 〇六九九
李　涵＊道光二年 壬午科 …… 〇七〇五
徐　堉＊道光二年 壬午科 …… 〇七二五
徐春鐸　道光八年 戊子科 …… 〇七四九
徐界青　道光十一年辛卯恩科 …… 〇七五七
趙香森　道光十二年
壬辰補行正科 ……………… 〇七六五
董彙芳＊道光十二年
壬辰補行正科 ……………… 〇七六九
徐如鈺　道光十四年 甲午科 …… 〇七九三
殷序之＊道光十五年
乙未恩科 …………………… 〇八〇七
楊雲棟＊道光十九年
己亥預行正科 ……………… 〇八五五
姚學彥　道光十九年
己亥預行正科 ……………… 〇八七七
王汝湄＊道光二十三年癸卯科 …… 〇八八三
趙　新　道光二十三年癸卯科 …… 〇九一三
張雲輝　道光二十六年丙午科 …… 〇九一九
陶執中　道光二十六年丙午科 …… 〇九二三
齊世淳　道光二十六年丙午科 …… 〇九二九
王維珍＊咸豐元年辛亥恩科 …… 〇九三一
李秉璋　咸豐五年乙卯科 …… 〇九六一
劉秉璋　咸豐五年乙卯科 …… 〇九六七
周作新　咸豐五年乙卯科 …… 〇九七一
辛　槺　咸豐五年乙卯科 …… 〇九七七
陳價坪　咸豐五年乙卯科 …… 〇九九一

王恩沛　咸豐五年乙卯科……○九九七
華　椿　咸豐五年乙卯科……一○○三

第三册

于士祜　咸豐五年乙卯科……一○一一
華俊篪　咸豐九年己未恩科…一○一五
梁錦奎*同治元年壬戌辛酉并科……一○二五
卞翊清*同治三年甲子科……一○四九
孫星橋　同治六年丁卯科……一○七三
華　鎮　華　鑄*同治六年丁卯科……一○七七
查恩綬　同治六年丁卯科……一一二三
查乘漢　同治六年丁卯科副榜……一一三五
徐維域　同治九年庚午科……一一四九
孔傳勳　同治九年庚午科……一一五七
李　銓　同治九年庚午科……一一六三
楊培之　同治十二年癸酉科…一一六九
倪文焌*同治十二年癸酉科…一一七三
展榮春　同治十二年癸酉科…一一九九
李彦和*光緒元年乙亥恩科…一二○五
李春棣　光緒元年乙亥恩科…一二三一
盧蔭棠　光緒元年乙亥恩科…一二四一
徐承翰　光緒元年乙亥恩科…一二四七
張體信　光緒元年乙亥恩科…一二五一
劉文蔚　光緒元年乙亥恩科…一二五五
解元書　光緒元年乙亥恩科副榜……一二五九

高炳辰＊光緒二年丙子科……一二六九
陳宗鳳 光緒二年丙子科……一二九三
蘇兆澐 光緒二年丙子科……一三〇一
王銘恩 光緒二年丙子科……一三〇九
辛元炳 光緒五年己卯科……一三一七
韓金鰲 光緒五年己卯科……一三三一
石作棫 光緒五年己卯科……一三三七
蘇紹泉 光緒八年壬午科……一三四七
華學淇 光緒八年壬午科……一三五三
徐世昌 徐世光＊
光緒八年壬午科……一三六三
李春澤 光緒十一年乙酉科……一四一一
劉文治 光緒十一年乙酉科……一四二五
馮學彥 光緒十一年乙酉科……一四三三
查爾崇 光緒十一年乙酉科……一四三九
鄭文彩 光緒十四年戊子科……一四五五
查雙綏 光緒十四年戊子科……一四六一
陳　驤 光緒十四年戊子科……一四七三
朱懋昌 光緒十四年戊子科……一四八三
陳世忠 光緒十四年戊子科……一四九一
劉恩鴻 光緒十四年
戊子科副榜……一四九七

第四册

田毓藻 光緒十五年己丑恩科……一五一一
李士棻 光緒十五年己丑恩科……一五一七
閻炳章 光緒十七年辛卯科……一五二五
韓蔭楨＊光緒十七年辛卯科……一五三一
劉嘉瑞 光緒十七年辛卯科……一五七九

杜聯陛　光緒十七年辛卯科……一五九三
金文彦　光緒十七年辛卯科……一六〇三
華世奎　光緒十九年癸巳恩科……一六一九
陶喆甡　光緒十九年癸巳恩科……一六四三
陳恩榮　光緒十九年癸巳恩科……一六五一
鄭德寶*光緒十九年癸巳恩科……一六六一
龐奎垣　光緒十九年癸巳恩科……一六九三
劉寶慈*光緒二十年甲午科……一七〇三
李秉元　光緒二十年甲午科……一七三一
徐景賢　光緒二十年甲午科……一七三五
姜擇善　光緒二十年甲午科……一七四五
李鵬池　光緒二十年
　甲午科副榜……一七五五
金恩科　光緒二十三年丁酉科……一七七三
劉鍾霖　光緒二十三年丁酉科……一七九一
詹榮麟　光緒二十三年丁酉科……一七九五
王新銘　光緒二十三年丁酉科……一八〇一
華學涑　光緒二十三年丁酉科……一八一一
陳文炳　光緒二十三年丁酉科……一八二五
張克一　光緒二十三年丁酉科……一八三七
趙毓煊　光緒二十三年丁酉科……一八四五
劉承蔭　光緒二十三年丁酉科……一八五三
胡家祺　光緒二十三年丁酉科……一八六五
馬夢吉　光緒二十三年丁酉科……一八七三
蘇雲龍　光緒二十三年丁酉科……一八八五
張　珣　光緒三十三年丁未科……一八九一

貢生

韓　榮　道光二十九年
　己酉科拔貢……一八九五

馮春瀛　道光二十九年
己酉科拔貢……一八九九
田世均　道光二十九年
己酉科拔貢……一九〇一
朱　墉　光緒十一年
乙酉科拔貢……一九〇三
姜秉善　光緒十一年
乙酉科拔貢……一九〇五
樊蔭慈　光緒三十二年
丙午科優貢……一九〇七
高增奎　光緒三十二年
丙午科優貢……一九〇九
楊鴻綬　光緒三十二年
丙午科優貢……一九一一

武清縣（一三份）

會試

王光宇　道光二年壬午恩科……一九一七
徐紹康　光緒九年癸未科……一九一九
曹甡孫*光緒二十一年乙未科……一九二七
曹葆珣*光緒二十一年乙未科……一九七七

第五册

鄉試

劉　垌　乾隆三年戊午科……二〇一三
王世紱*嘉慶二十一年丙子科……二〇一五
許　楨　咸豐五年乙卯科……二〇四七
蕭世濂　光緒元年乙亥恩科……二〇五三

陳鍾濬　光緒元年 乙亥恩科 …… 二〇五九
丁之植　光緒十四年 戊子科 …… 二〇六七
宋繼儒　光緒十四年 戊子科 …… 二〇七三

貢生

陳元浩　道光二十九年
己酉科拔貢 …………………… 二〇七九
謝延晋　光緒十一年
乙酉科拔貢 …………………… 二〇八一

寶坻縣（三〇份）

會試

李　藻　道光十六年
丙申恩科 …………………… 二〇八七
王　澎*咸豐三年 癸丑科 …… 二〇八九
楊景孟*咸豐六年 丙辰科 …… 二一二一
李　溱　同治四年 乙丑科 …… 二一四五
方學伊*同治四年 乙丑科 …… 二一五三
張丕績　同治七年 戊辰科 …… 二一七九
馬存樸　光緒六年 庚辰科 …… 二一九五
陳源濰*光緒九年 癸未科 …… 二二一一
李　浚　光緒九年 癸未科 …… 二二三七
張瑞芳　張瑞芬*
光緒十六年 庚寅恩科 …… 二二三九

鄉試

馬式端　乾隆三年 戊午科 …… 二二八三
陳　翰　乾隆三年 戊午科 …… 二二八五

王大濟　道光十一年
辛卯恩科　……………………　二二八七
李德良　李德坊*
道光二十九年　己酉科　………　二三〇一
王慶祺　咸豐五年　乙卯科　……　二三三九
王煦健　咸豐五年　乙卯科　……　二三五一
高銘鼎　咸豐五年　乙卯科　……　二三六一
李文壇　咸豐五年　乙卯科　……　二三六九
徐　沖　咸豐五年　乙卯科　……　二三七三
李桂攀　李桂聯*
咸豐十一年　辛酉科　…………　二三七九
徐　浩　同治九年　庚午科　……　二四一七
李　慕*同治十二年　癸酉科　…　二四二三
張瑞芳　光緒元年　乙亥恩科　…　二四四九
王芝田*光緒十一年　乙酉科　…　二四五五
胡惠麟　光緒十四年　戊子科　…　二四九五
李燕春　光緒二十三年丁酉科　…　二五〇三
李湛田*光緒二十八年　壬寅
補行庚子辛丑恩科并行　……　二五一五

第六册

貢生

李德良　道光二十九年
己酉科拔貢　………………　二五五一
王　濂　道光二十九年
己酉科拔貢　………………　二五五五
周慶榜　光緒十一年
乙酉科拔貢　………………　二五五七

薊州（五份）

鄉試

李　湘　咸豐五年 乙卯科 …… 二五六三

王晉之　咸豐五年 乙卯科 …… 二五六九

賈作楫＊光緒十九年
癸巳恩科 …… 二五七五

貢生

王　昕　道光二十九年
己酉科拔貢 …… 二六〇一

盧素存　光緒十一年
乙酉科拔貢 …… 二六〇三

寧河縣（二一份）

會試

趙輝棣　同治十年辛未科 …… 二六〇九

高賡恩　光緒二年丙子科 …… 二六一五

戴彬元＊光緒六年庚辰科 …… 二六二三

蘇夢蘭　光緒十八年壬辰科 … 二六七三

王　照＊光緒二十年甲午恩科 … 二六七九

王　焯＊光緒二十一年乙未科 … 二七二七

鄉試

談其學＊乾隆三十九年甲午科 … 二七五九

張椿蔭　咸豐五年 乙卯科 …… 二七八一

李敬亭　咸豐十一年辛酉科……二七八九
張　琨　咸豐十一年辛酉科……二七九五
張汝埭　咸豐十一年辛酉科……二八〇一
談松林　咸豐十一年辛酉科……二八〇七
李誠蔚　同治三年甲子科……二八一五
苗如蘭　同治三年甲子科……二八二三
史從周*同治九年庚午科……二八二九
張文灝　光緒元年乙亥恩科……二八五一
張學鴻　光緒十四年戊子科……二八六一
許善瑩　光緒十四年戊子科……二八七一
邵剛中*光緒十九年癸巳恩科……二八七七

貢生

陳鴻翥　道光二十九年己酉科拔貢……二九〇五
劉玉璞　光緒十一年乙酉科拔貢……二九〇七

静海縣（一一份）

會試

劉蔭椿　光緒十五年己丑科……二九一三

鄉試

張綜珥　乾隆三年戊午科……二九二三
元克莊　乾隆三年戊午科……二九三五
邊培運　乾隆三年戊午科……二九三七
王毓芑　咸豐五年乙卯科……二九三九
李家淦　咸豐五年乙卯科……二九四五
張仲儒　光緒元年乙亥恩科……二九五五

朱式泉　朱式曾*
光緒十七年辛卯科　……………　二九五九
馬文暄　光緒二十三年丁酉科　…　三〇〇五

貢生

朱福順　道光二十九年
己酉科拔貢　……………………　三〇一一
王蘭臺　光緒十一年
乙酉科拔貢　……………………　三〇一五

《天津朱卷集成》人物科份
編年索引　……………………　三〇一七
《天津朱卷集成》人名音序
索引　…………………………　三〇三九

後　記／劉宗江　…………………………　三〇四五

［注：帶*號者爲朱卷内收録科舉文章者］

天津縣

會試

葉際春

字桐初號雨村又號蔗村行四乾隆丁卯年五月十六日生直隸天津縣學廩生民籍己亥鄉試第一百二十一名趙州直隸州學訓導壬戌會試第六十五名　殿試第三甲第四十九名卽用知縣改教現任永平府學教授

曾祖士傑

曾祖母毋氏

祖世清 貤贈永平府學教授

祖母張氏 貤贈孺人

王氏 貤贈孺人

父尚智 貤贈趙州直隸州學訓導晉永平府學教授

母李氏 貤贈孺人晉孺人

胞伯尚靜

胞弟逢春 出繼胞伯

娶劉氏

子夢元 乾隆壬子舉人 夢齡 附生 夢奎 夢蘭 嘉慶辛酉舉人

孫鱗徵 福徵

居

陸樟

字佐勛號墊窗行五乾隆乙酉年十二月二十七日生直隸天津縣學廩生民籍戊午鄉試第五十一名壬戌會試第七十一名　殿試第三甲第七十六名由　咸安宮官學教習現任山西平陸縣知縣

曾祖宗瀫附生
曾祖母陳氏
祖亮臣
祖母沈氏
父禹昌
母胡氏
繼母唐氏

胞兄大桐　梓　烜　楷
胞弟森　桂
娶傅氏
子世燕　世熊　世熹

居　祖籍浙江蕭山

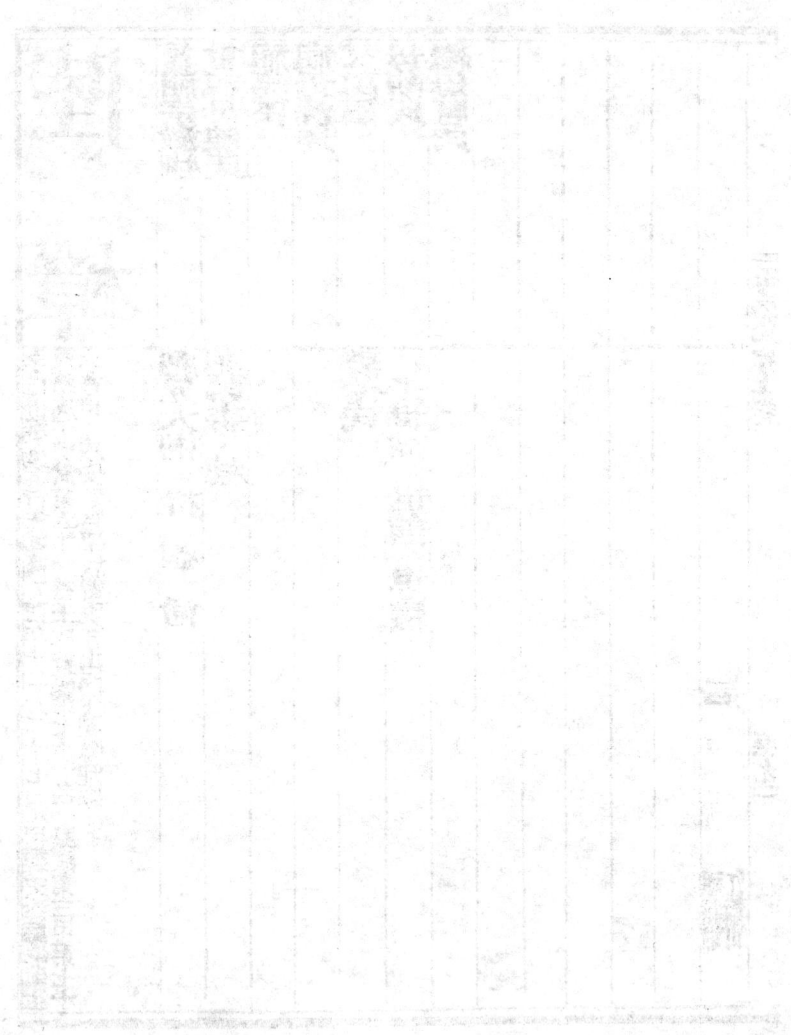

劉恩慶

字介繁號春軒一號雨人乾隆戊申年七月二十一日寅時生直隸天津府天津縣民籍內閣中書現充方略館校錄

曾祖成璽

曾祖妣氏王

氏葉

祖淳 議敘八品 貤封承德郎

祖妣氏祝 貤封太孺人

父廷弼 國學生 晉封奉直大夫

母氏蘇 晉封宜人

本生父廷輔 國學生 誥封奉直大夫

本生母氏朱 誥封宜人

繼母氏曹

妻王氏 誥封孺人

子埜 桂林 俱業儒

己卯順天鄉試中式第一百六十九名

庚辰會試中式第九十六名

殿試第三甲第五十三名

欽點內閣中書

劉錞

字仲于號果田行五乾隆壬子年四月十八日生直隸天津府天津縣人前任山東德平縣知縣

曾祖炎貢生

曾祖母氏李

繼曾祖母氏張

祖向睿太學生勅封修職郎山西陽曲縣縣丞

祖母氏王勅封孺人

繼祖母氏邵勅封孺人

庶祖母氏孫

父維憲附監生歷任山西陽曲縣丞湖北恩施縣丞題升棗陽縣知縣勅授文林郎晉

妻左氏

妾陳氏

子元燮 元煒 元杰

女二

封奉直大夫
母氏周
慈侍下
鄉試中式第　三　名
癸未會試中式第二百名
殿試第二甲第六十八名
欽點即用知縣
世居縣城北門外

姚承恩

字桐雲號朗山行八嘉慶甲子年十一月十一日吉時生直隸天津府天津縣府學增廣生

高高祖鳳 明廩貢生滄州儒學訓導 例贈承德郎

高高祖母氏范 例封孺人 例贈安人

高祖純吾 歲貢生東光縣儒學訓導 例贈承德郎

高祖母氏劉 例封孺人 例贈安人

曾祖宗典 候選州同知 例授承德郎 誥贈奉政大夫 晉贈朝議大夫

堂伯祖宏泰 太學生 例贈修職佐郎

胞伯祖廷鈺 太學生

從堂叔永固 從九品

堂伯永杰 太學生 永植 太學生

胞叔永言 候選通判 例授承德郎

嫡堂兄承基 承鼎 郡庠生

胞兄承端 國學生 緝勳 山東候補巡檢司歷署東昌府經歷聊城縣典史 緝文 河南候補州吏目署光山縣典史 承謙 郡庠生嘉慶庚午科挑取謄錄

胞弟承瀛 增廣生 承豐 壬辰科舉人辛卯恩科挑取謄錄

曾祖母氏陳 例封安人 誥贈宜人 晉贈恭人

氏湯 例封安人 誥贈宜人 晉贈恭人

祖廷斌 乾隆壬辰科恩貢生候選儒學訓導 例授修職郎 誥封奉政大夫 晉贈朝議大夫

祖母氏吳 庠生諱元昉公女 例封孺人 誥贈宜人 晉贈恭人

氏張 太學生諱憲譽公女 例贈武德郎諱祖璘公胞妹 武庠生 勅贈修職郎諱

嫡堂姪學俊 增廣生 學翰 邑庠生 學彥 業儒

胞姪學崇 學英 廩膳生 學本 學廉 業儒 學海 幼

堂姪孫善長 業儒

胞姪孫麟書 業儒 麟綬 幼

娶趙氏 國學生名大儒公女 候選從九品名恩第胞妹

子

女

攀龍公胞姊乾隆巳卯科武舉人諱兆熊武庠生諱兆麟乾隆乙卯科舉人現任龍門縣教諭名兆第公胞姑母庠生名式仲式金星紀式芸胞姑祖母武庠生名德懋胞姑曾祖母 例封孺人 誥封宜人 晉贈恭人

父逢年榜名永年乾隆巳亥 恩科舉人辛丑科進士福建詔安縣知縣陞福建建寧府同知任安徽太平府同知歷署江南直隸六安州廣德州知州廬州府太平府徽州府知府護理安徽寧池太廣兵備道乾隆巳酉科福建鄉試同考官嘉慶辛酉科丁卯科江南鄉試內簾監

試官　誥授奉政大
夫　晉授朝議大夫
母氏周太學生諱亭謙公
女　誥贈宜人
晉贈
恭人
氏路乾隆丙子科舉人
諱昂公女癸酉科
舉人諱孚公丙子科舉
人山西交城縣榆次縣
知縣甘肅階州知州雲
南姚州知州諱作公胞
姪女處士諱觀伯公廩
膳生諱觀國公胞妹邑
庠生名緒宗胞姑母
誥封宜人　晉封恭人
庶母氏孟例封
孺人
慈侍下
庭訓

業師

徑老夫子名啟宗安徽涇縣庠生

張老夫子諱朝澍安徽銅陵縣廩貢生

潘老夫子名承恩安徽銅陵縣庠生

朱老夫子諱墀安徽蕪湖縣廩貢生著有近雲樓詩集

梅老夫子名成棟嘉慶庚申恩科舉人著有津門詩鈔欲起竹間樓詩集

課師

葉老夫子名紹本嘉慶辛酉科進士翰林院編修山西布政使司前任長蘆鹽運使司

恩師

杜老夫子 名堮 嘉慶辛酉 恩科進
士現任吏部右侍郎
前提督順天學政

邵老夫子 名正笏 嘉慶己卯科進
士翰林院編修工科給
事中壬午科順天鄉試
同考官乙酉科河南鄉
試副主考壬辰科會試
同考官福建
鄉試正主考

壬午鄉試中式第百六十二名

會試中式第九十三名

殿試第二甲第　名

欽點即用知縣

費蔭樟 字聞木號香村一號小琳行一嘉慶甲戌年十二月十二日吉時生直隸天津府天津縣學附生民籍

始祖勝一 原籍浙江嘉興府嘉興縣大麗鄉十八都人氏前明永樂調補天津衛中左所 誥封昭勇將軍

始祖母氏姜 淑人 誥封

十三世祖教 前明天津衛指揮僉事 誥封昭勇將軍

十三世祖母氏何 淑人 誥封

氏周 淑人 誥封

十二世祖榮 前明天津衛指揮使 誥

十世叔祖露 前明世襲指揮使以軍功任古北口副總兵有善政軍民立有碑祠 靈

八世伯叔祖以恩 前明世襲指揮使 誥封昭勇將軍 以勳 誥授昭勇將軍 以功

七世伯叔祖復興 順治四年世襲天津右衛掌印守備事載天津縣志 復起 復振 本衛庠生 復隆

六世伯叔祖天祿 國祿 君祿 永祿 和祿

高伯叔祖萬鍾 萬乘 萬祚 萬益 萬慶 萬福

曾伯叔祖摛藻 掞藻 恆舒 邑庠生 恆懋 恆岳 邑庠生

曾叔祖守業

授昭勇將軍

十二世祖母氏宗 淑人 誥封

十一世祖俊 前明天津衛指揮使 誥授昭勇將軍

十一世祖母氏黃 淑人 誥封

十世祖霖 前明世襲指揮使 誥授昭勇將軍

十世祖母氏倪 淑人 誥封

氏徐 淑人 誥封

氏李 淑人 誥封

九世祖貴 前明世襲指揮使 誥授昭勇

伯叔祖保 國學生 偉 儼

叔祖文明

胞伯奇璞

嫡堂伯奇玉 奇合

叔鍾秀 邑庠生 鍾昌 鍾會

胞弟蔭樞 業儒

嫡堂兄蔭[illegible] 國學 嫡堂弟蔭[illegible] 生 蔭桐 蔭椿

堂兄厚民 義民 承民

堂弟蔭棠 郡增生 蔭樸 邑庠生 蔭標 蔭榕 業儒 蔭杭 蔭楠

嫡堂姪大善 業儒 大第 幼

堂姪大經 大綸 俱業儒 大智 大訓 大禮 俱幼

將雄

姪壽愷　壽朋　壽三俱業儒　壽岡　壽德　壽延

九世祖母氏梅誥封淑人

壽芊　壽陵

八世祖以仁

娶田氏候選從九品名兆豐公女優廩膳生壬辰科薦卷挑取謄錄名彬胞妹

八世祖母氏張

子登甲業儒

氏安

女一幼

七世祖祖貞

七世祖母氏侯

六世祖鴻

六世祖母氏章

高祖世興

高祖母氏王

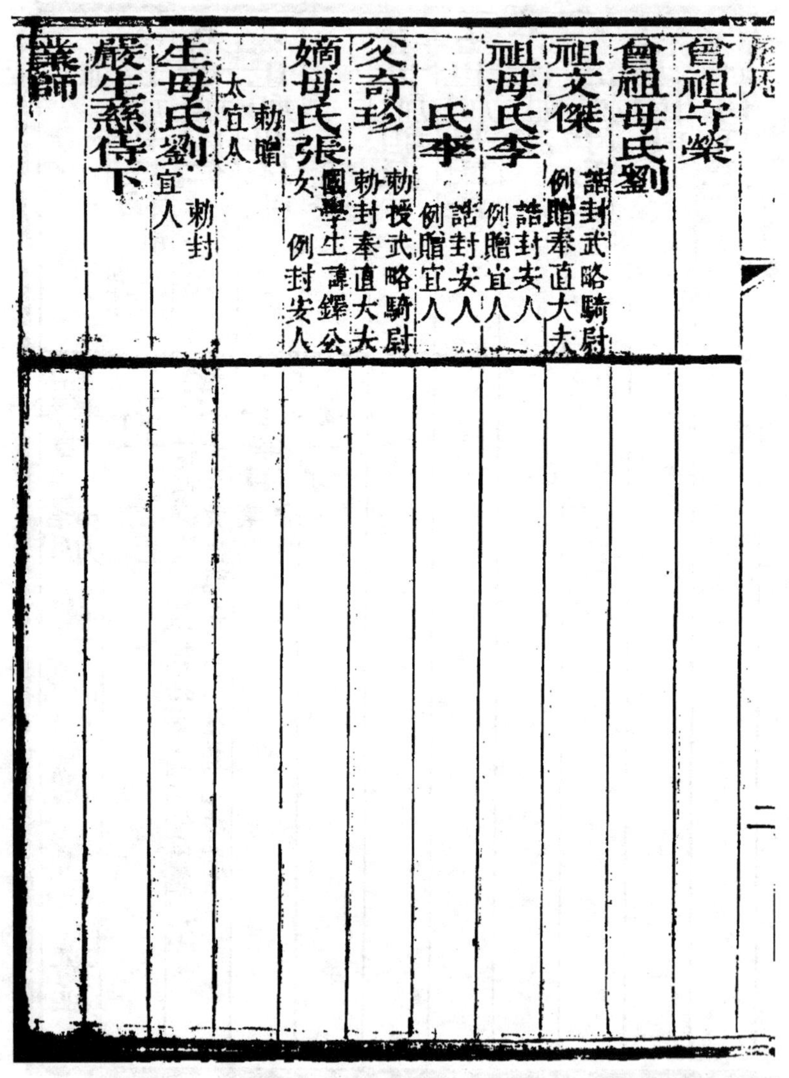

履歷

曾祖守榮

曾祖母氏劉

祖文傑 誥封武略騎尉 例贈奉直大夫

祖母氏李 誥封安人 例贈宜人

氏李 誥封安人 例贈宜人

父奇珍 勅授武略騎尉 勅封奉直大夫

嫡母氏張 國學生諱鐸公女 例封安人

勅贈 太宜人

生母氏劉 勅封 宜人

嚴生慈侍下

業師

二

桂舫劉老夫子名慶元乙酉科舉人候選知縣

仁齋張老夫子名長善歲貢生候選訓導

亭午李老夫子諱文熹廩生

杏農劉老夫子諱龍光辛巳恩科副舉人候選八旗官學教習

秋農田老夫子名彬優廩膳生壬辰科薦卷挑取謄錄

小江李老夫子名宗城廩膳生

課師

梅亭陳老夫子名崇禮前長蘆都轉鹽運使司現任直隸按察使司按察使

小梅徐楊老夫子名緒壬午科舉人癸未科考取教習問津書院山長

恩師

竹醉李老夫子名振翥壬戌科進士前任天津河間兵備道現任廣東鹽運使司鹽運使

謙齋陳老夫子名彬辛未科進士現任天津府知府

還亭沈老夫子名蓮生前任天津縣知縣海防分府

甄甫吴老夫子名文鎔己卯科進士日講起居注官翰林院侍讀學士順天學政壬辰科順天鄉試同考官

聞山史老夫子名致儼己未科進士刑部尚書壬辰科順天鄉試副考官

小山白老夫子名鎔己未科進士前任工部尚書現任大理寺卿壬辰科順天鄉試副考官

竹汀那老夫子諱清安乙丑

科進士原任兵部尚書
壬辰科鄉試副考官
省崖王老夫子 名鼎 丙辰科進
士經筵講官太子少保
協辦大學士戶部尚書
管理刑部事務壬辰科
順天鄉試正考官
宗師
鼎甫沈老夫子 名維鐈 壬戌
科進士工部左侍郎前
順天學政現安徽學政
壬辰鄉試中式第三百三十三名
會試中式第一百四名
殿試第二甲第七十九名
族繁不及備載
欽點禮部主事
住鎮海門內

吳惠元

字仲孚，號霽學，行二。嘉慶庚午年八月十二日吉時生。直隸天津府天津縣學附生，民籍。祖籍浙江錢塘縣。現充鑲紅旗覺羅官學教習。

太高祖仁業，字惠蒼。誥贈朝議大夫。

太高祖妣氏金，誥贈恭人。

高祖繩年，字崧巖。雲南雲南府同知，調廣東廉州府同知，陞授肇慶府知府，護理肇羅巡道。誥授朝議大夫，晉贈中憲大夫。

高祖妣氏楊，誥封恭人。錢邑庠生諱上琛公女。

曾祖禾書，字禮耕。邑庠生，原任刑部廣東司郎中。誥授奉政大夫，覃恩加二級，晉授中憲大夫。

曾祖妣氏唐，誥封宜人，晉封恭人。順天府西路同知諱續祖公孫女，貢生諱道衡公女。

高叔祖繩綱，候選州同知。繩烈，候選州同知。

胞伯祖肇啟，國學生。肇業，議敘州同知。

胞叔祖肇新，錢邑廩膳生。

嫡堂伯繼詩，字南田，國學生，貤封儒林郎。興詩，國學生。

嫡堂叔豳詩。聞詩，國學生。笙詩。

堂弟慶元，國學生。兆元，國學生。德元。復元。茂元。

培元。俱業儒。

胞兄起元，字雲佐。辛卯恩科順天鄉試同榜舉人，本科大挑二等。

胞弟振元，字玉川。甲午科順天鄉試舉人，本科大挑一等，分發南河試用知縣。鼎元，號梅卿，國學生，業儒。

履

生曾祖妣氏郭 敕贈安人

祖肇裕 字文饒國學生早世 敕贈儒林郎

祖妣氏金 敕贈安人江西九江府知府署廣饒九南兵備道諱明源公長女雲南嵩明州知州諱藩公胞姑母郡庠生名琛名世珍胞祖姑母節孝待旌

庶祖妣氏

父景周 字錫洲號向亭一號雅南嘉慶癸酉科副舉人丙子科謄錄由實錄館議敘布政司理問分發江蘇勸辦海運奉旨儘先補用現任江寧布政司理問廳歷署宜興縣糧廳鎮江府督糧通判蘇州府海防同知泰興六合等縣知縣敕授儒林郎

母氏徐 敕封安人江西德化縣知縣諱然公長女乾

胞姊一 適同邑廩膳生現任河南歸德府通判李公名開第長子國學生諱恩慶

胞妹三 長早逝次適清苑嘉慶丁卯科舉人現任湖南耒陽縣知縣欽加知州銜李公名金芝長子國學生名錫光三適同邑嘉慶丁丑科進士翰林院編修現任江蘇江安督糧道沈公名兆澐三子郡庠生名維瑞

從堂姪聯甲 幼學 聯第 聯桂 俱幼

胞姪致中 殤 文中 立中 俱幼學 協中 建中 應中 俱幼

娶李氏 同邑乾隆壬子科舉人考充正紅旗覺羅官學教習歷任山東高密即墨山西興縣太平貴州綏陽等縣知縣山西永寧州知州戊辰丙子科山東鄉試同考官庚子科山西鄉試同考官名杲公長女山西候補從九品現充學轅文巡捕名懷珍胞姊

楊氏 同邑戶部山東司員外郎廣東鹽運使司運同諱紹庭公孫女嘉慶庚午科舉人刑部湖廣司員外郎山東司郎中總辦秋審處熱河理刑司 京察一等歷任江西吉安廣西南

隆戊申科舉人諱熩公胞姪
女甲午科舉人江西盧陵縣
知縣　諱燀公壬子科舉人乙
卯科　特授內閣中書山西
巡撫兼提督鹽政光祿寺卿
諱炘公堂姪女河南南陽縣
知縣欽加同知銜諱城公
堂妹兵部職方司郎中諱祖
培公道光壬午科舉人廣西
梧州府同知名堉公兩淮領
運千總名燿奎公候選通判
名春臺公堂姊壬午科舉人
河南杞縣知縣欽加知州
銜名大鏞丙申科進士湖南
即用知縣諱廉錫戊子科舉
八本科大挑一等江西試用
知縣名士鈴甲午科舉人戊
戌教習已亥記名國子監
學正名如鈺堂姑母癸卯
科優貢名兆順堂祖姑母

具慶下

庭訓

嚴慈

寧等府知府護理左江兵備道諱恩
培公長女候選從九品名家相胞姊

子大中　敏中俱幼學

二

課業師

梅樹君太夫子名成棟嘉慶庚申恩科舉人現任永平府訓導著有津門詩鈔竹間樓詩集

陳雲莊夫子名耀庚浙江仁和人丙戌科進士天津府知府前三取書院山長

顧彥和夫子名汝壽江蘇上元人前天津府河防同知歷任江西南安府知府

徐楊小梅夫子名緒道光壬午科舉人

受知師

吳美存夫子諱其彥河南固始人己未科進士兵部侍郎提督順天學政

盧南石夫子諱蔭溥山東德州人辛丑科

進士　予告大學士辛卯　恩科鄉試大主考

寶獻山夫子　名興　滿洲鑲黃旗人乙丑科進士　文淵閣大學士四川總督辛卯　恩科鄉試大主考

李芝齡夫子　名宗昉　江蘇山陽人壬戌科榜眼禮部尚書辛卯　恩科鄉試大主考

張麓門夫子　諱延閱　湖南長沙人甲戌科進士　內閣中書協辦侍讀辛卯　恩科鄉試同考官

王价臣夫子　名廣業　江蘇泰州人癸未科進士兵部車駕司郎中乙未科會試同考官

李春皋夫子　名品芳　浙江東陽人癸未科進士　內閣學士兼禮部侍郎丙申　恩科會試同考官

卓海帆夫子　名秉恬　四川華陽人壬戌科

履歷

進士吏部尚書協辦大學士戊戌教習閱卷大臣

恩小山夫子　名桂　滿洲鑲藍旗人壬午科進士吏部尚書提督九門步軍統領戊戌教習閱卷大臣

李錫民夫子　名振祜　安徽太湖人辛酉科進士刑部尚書戊戌教習閱卷大臣

辛卯恩科順天鄉試中式第三十二名

戊戌考取覺羅官學教習第十七名

會試中式第一百七十六名

覆試一等第十五名

殿試第二甲第四十名

朝考二等第四十三名

欽點翰林院庶吉士

族繁祗載本支

住本縣鎮海門外閘口上大街

郭師泰

字泰甫號慕林一號筠孫行二年三十三歲直隸天津府天津縣廩生民籍

曾祖朝柱

曾祖母氏黃

祖錫

祖母氏殷

父之淳

母氏孫

繼母氏劉

胞伯叔

胞兄弟

妻

子

女

己亥科鄉試中式第八十六名

會試中式第三百二十一名

殿試第三甲第二十八名

欽點卽用知縣

欽命四書詩題

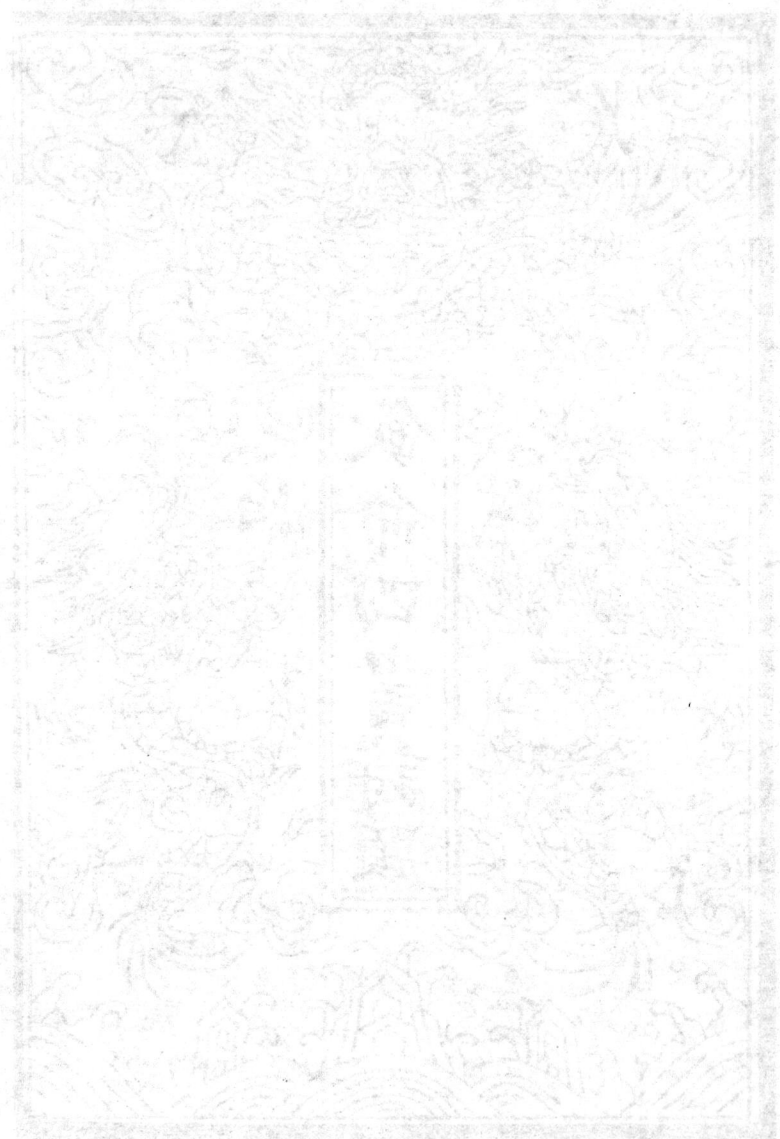

殷嘉樹

原名家霖字譽之號晴嚴一號雨帆行四嘉慶辛酉年七月十三日吉時生直隸天津府天津縣廩貢生民籍

始祖成原籍江南合肥縣人

二世祖忠洪武初以軍功誥封明威將軍河南歸德衛指揮僉事永樂二年調補天津左衛世襲指揮僉事

三世祖彪世襲指揮僉事

四世祖貴世襲指揮僉事

五世祖洪世襲指揮僉事

六世祖建世襲指揮僉事誥贈指揮同知左都督

七世伯祖伯　仲

九世伯祖鐸世襲指揮同知

十世伯叔祖善世襲指揮同知　林　木　賢

十一世伯叔祖汝學世襲指揮同知　汝校　汝松　汝桂　汝權

十二世伯叔祖顯夏庠生　顯秋　顯才　顯能　顯德　顯鑄　顯城　顯義　顯乾　顯坤　顯時　顯謨

族太高伯叔祖復武　復齊　復兆　復虎　復麟

六世祖妣氏馮 誥封夫人

七世祖尙質 世襲指揮僉事掌天津衛事有政聲歷陞都督僉事鎮守遼東總兵官特晉榮祿大夫謚忠愍本朝雍正十二年奉旨崇祀忠義祠事載天津縣志畿輔通志暨明史稿

七世祖妣氏倪 誥贈夫人

七世繼祖妣氏楊 誥封夫人

八世祖嗣 世襲指揮僉事

八世祖妣氏秦 例封夫人

九世祖德

復功 復瑞 復盛 廩膳生 復起

太高伯叔祖朝佐 朝鳴

族高伯叔祖良愷 良佑 良漢 良玉 濬 勅封武信佐郎 哲 儀 郡廩生 鼎 說 序

堂高伯叔祖桂樂 桂貴 桂奇

嫡堂高伯叔祖桂茂 太學生 誥封奉直大夫 桂蓉 太學生 例封徵仕郎

族曾伯叔祖士彥 士俊 士宏 以軍功拔補天津海口汎外委千總 士亮 士琦 乃寶 勅封武信佐郎 乃果 庠生 乃達 乃立 乃斗 乃岳 乃崑 乃阜 乃泰 乃宗

堂曾伯叔祖維瑛 維琳 維珍 維琯

嫡堂曾伯叔祖維玢 太學生 維璞 中書科中書 維珩 布政司理問

九世祖妣氏趙
十世祖繼科
十世祖妣氏胡
十一世祖萬倉
十一世祖妣氏周
十二世祖天常
十二世祖妣氏鄭太學生諱世泰公胞姑母候選員外郎諱秉乾公祖姑母太學生諱裔蕃公高祖姑母丁卯舉人辛未進士御前侍衛原任陝西興漢鎮遊擊諱奎光公太高祖姑母

族伯叔祖型　垛　基　壇　坡　壘　圩　圲　埗
埶　㦗德原任漢滿河營千總　墉　域　希奎前任四黨口外委千總
增　垣　墫　埒　坪　坻　封　堯　陛
壎
從堂伯叔祖埭　堪　埈　埩　境　堡　壝　塘
埏　坫　墊
堂伯叔祖坦太學生　希聖邑庠生　塽太學生　墀邑庠生　塏議敘　圻議敘
培邑庠生議敘六品　希孟議敘
胞叔祖希曾議敘州同貤封文林郎河南祥符縣知縣　希仁邑庠生貤封奉政大夫河南汝州直隸州知州
族伯叔秉恒　秉信　秉鈞　秉錡前任三里淺河營把總　秉釗

太高祖朝祥貤贈奉直大夫布政司理問

太高祖妣氏王貤贈太宜人

高祖桂盛誥封奉政大夫江南徐州府邳宿運河通判貤贈通奉大夫河南南陽府知府加三級

高祖妣氏王誥贈太宜人貤贈夫人

人

繼高祖妣氏王誥贈太宜人貤贈夫人

曾祖維玠字爾錫南河試用同知借補徐

秉敬　秉恭　秉錦　秉鐶

再從堂叔秉軸　秉鋆　秉元　秉貞

從堂伯叔秉銓　秉鑑　秉鎮太學生　秉錞　秉鉞　秉鉽　秉銳貢生　秉彝邑庠生　秉正　秉鈴太學生　秉鈗太學生

秉錕貢生　秉錀庠膳生

嫡堂叔秉鐔邑庠生　秉鋼邑庠生官名健中前任河南滎澤縣典史候選布政司經歷　秉欽道光壬午科副榜現任正定府欒城縣教諭　秉銘東河投効未入

胞伯秉鏞字東橋號蕉田乾隆壬子科亞元乾清宮覆試欽定一等第四名初任河南扶溝縣知縣調任滎澤再調祥符升補汝州直隸州知州武陟攔黃埝工成、特旨交軍機處記名

簡放南陽府知府　卓異候陞馬營壩大工告竣

賞戴藍翎祥工總催引河　特旨交軍機處記名

簡放四川成緜龍茂兵備道兼署四州布政使司布政使歷署河南陳州府知府河陝汝道糧

州府邳宿運河通判承辦林子湖堤工士民利賴號殷公堤著有和樂堂制藝　例授奉政大夫　誥贈通奉大夫河南南陽府知府加三級

曾祖妣氏段儒士諱成印公女庠生諱振泰公胞妹　例封宜人　誥贈夫人

祖希文字蘭亭乾隆壬午科舉人山西長治縣知縣　誥贈通奉大夫河南南陽府知府加三級著有和樂堂文稿蘭亭詩鈔

祖妣氏張康熙甲午科舉人諱光第公孫女候選訓導諱淳公長女乾隆癸酉甲戌聯捷進士江西餘干縣知縣諱湘公胞姪女乾隆丁

儲鹽法道嘉慶丁卯科河南鄉試同考官道光乙未　恩科河南鄉試提調官　誥授中憲大夫著有兼韻音義韻學一得梓行

胞叔秉錄字錦濤附貢生前任江西新喻縣縣丞　例授修職郎

胞姑適乾隆丁酉科舉人張諱梓蔭公子候選縣尉名汝連

從堂兄弟家相　家望　家麒　家昌　家駒　家泰　家驤　家鳳從九品　家賓　家讓　家鸞　家亨　家訓　家謙　家豫　家聲　家宜　家誠　家鵠　家誥　家善　家振　家彥　家承　家式　俱業儒

堂弟家衡　家弼郡庠生　家盤　家陛　家俊　家康　家驥俱業儒　家　家　幼

酉科舉人諱梓蔭公堂姊太學生名嵩胞姑母嘉慶丁卯科舉人諱巖候選縣尉名汝連堂姑母郡庠生名雲鵬堂姑祖母　誥封太恭人晉贈夫人

父秉銛字荆圃附貢生前任廣東感恩縣知縣歷署山西偏關神池寧鄉平魯縣廣東仁化鎮平昌化陽江縣知縣宦山右時值滑匪滋事防堵黎城關不憚勞瘁賊無竄入者署寧鄉縣捐修城河保先農壇衛田廬無算及署平魯核丁糧豁民累查實逃亡絕戶二千餘口牒報歸通省州縣攤補宦粵東時署鎮平未十月了積

嫡堂兄弟家謨前任山東寧海州知州歷署招遠堂邑縣知縣　家乂聰穎早世　家伊山東候補從九品歷署武定府經歷濱州州判現署惠民縣縣丞　序之原名家咸以字行道光辛卯　恩科謄錄乙未　恩科舉人　國史館議敘知州新選廣西思恩府賓州知州　湜之原名家彭候選運庫大使

胞兄弟家勳字魯堂候選縣尉　家屏字翰臣邑庠生

胞姊二一適乾隆壬子科舉人周諱鳳儀公子山東蘭山縣尉諱景濂一適嘉慶己未科進士山西長治縣知縣候補同知王諱顯文公子太學生名簡

胞妹二一適道光癸未科進士福建詔安縣知縣王名震公長子名志彥一字庠生劉名開宇公子名荃

妻杜氏嘉慶丙辰科進士前任奉天錦州府教授諱剛公孫女太學生諱駿公女道光丁酉科拔貢　國史館議敘教諭名麟孫胞姊

案三百餘起邑人徧貼
殷青天時有蕉陽輿頌
委辦三水縣基圍總局
事費省工堅上憲韙之
例封
文林郎
母氏楊候選布政司經歷諱祖幹公孫女太學學生諱藜照公女太學生名天垣胞姊 例贈
孺人
母氏杜乾隆癸卯科經魁嘉慶丙辰科進士前任奉天錦州府教授諱剛公長女太學生諱駿諱馴公胞姊道光丁酉科拔貢 國史館議敘卽選教諭名麟孫胞姑母 例封孺人
永感下

子萃絲幼學出嗣胞兄萃綸幼
女
胞姪萃纓
胞姪女二一適河南候補同知常名大治公子河南候補按察司經歷名凱一適太學生陳諱輔弼公子太學生名鐸
嫡堂姪敏山東候補鹽場大使前署益昌庫鹽大使 萃喆 萃珏 萃鎧
斆 萃林 源俱業儒 萃竹幼
堂姪萃斌業儒 萃珽 萃班幼
從堂姪萃羣 萃族 萃華 萃福 萃章 萃英
萃芳業儒 萃芸 萃芝 萃芬 萃儀 萃恭
萃賢 萃恬 萃祿 萃儒 萃倬 萃傑 萃

嚴訓　倫　萃健　萃億　萃儼　萃僑　萃僩　萃信

慈訓　萃夔　萃寶　萃艮俱業儒　萃順　萃經　萃源

業師　萃緯俱幼

胞叔祖長人夫子諱希仁　從堂姪孫同春業儒　同泰　同科　同和　同甲　同

邑庠生　安俱幼

嫡堂叔雲樵夫子諱秉鐸　堂姪孫同福

邑庠生

嫡堂叔六橋夫子名秉欽　道光壬午科副榜　現任欒城縣教諭

母舅杜老夫子諱馴　國學生　道光辛巳恩科呈薦

張老夫子名觀藜道光乙未科進士現任四川彰明縣知縣

曹老夫子諱嶧嘉慶丁卯科副榜

楊老夫子諱卓然嘉慶庚申恩科舉人原任山西寧武縣教諭

申老夫子諱企中嘉慶丙辰科進士原任山西路安府寧武府教授

徐老夫子諱金度嘉慶戊寅恩科舉人候選知縣

劉老夫子名澤節嘉慶丙子科舉人現任武强縣訓導

葉老夫子諱夢元乾隆壬子科舉
人前任正定府
行唐縣訓導
賈老夫子名惟綸乾隆乙卯科舉
人前任山西
寧武縣教諭
吳老夫子諱瀅道光壬午恩科進
士前任直隸新城縣知
縣廣東平遠縣知縣
沈老夫子名兆澐嘉慶丁丑科進
士現任江安糧儲道兼
署江寧布政使司布政
使
邊老夫子諱九鰲嘉慶甲戌科進
士前任天
津府教授

課師

許老夫子 諱師賢 嘉慶戊辰科進士前任江西上猶縣知縣嘉慶癸酉科鄉試同考官

龔老夫子 諱藻 嘉慶己卯恩科進士前任山西鳳臺縣知縣

羅老夫子 諱宜詒 嘉慶庚辰科進士前任山西介休縣知縣

陶老夫子 名樑 嘉慶戊辰科進士現任湖北漢黃德巡道

李老夫子 名廣滋 嘉慶己巳恩

科進士前任翰林院編修福建道監察御史

受知師

杜老夫子名堮嘉慶辛酉恩科進士前任吏部左侍郎順天學政

吳老夫子諱其彥嘉慶己未科進士前任兵部右侍郎順天學政

毛老夫子諱式郇嘉慶己未科進士前任吏部左侍郎順天學政

彭老夫子名邦疇嘉慶乙丑科進士前任翰林院侍講順天學政

王老夫子諱家相嘉慶己巳恩

科進士前任河南南汝
光道歷署按察使司按
察
使

許老夫子 諱 乃賡 嘉慶丁丑科進
士前任詹事府
左春坊左庶子

李老夫子 名 宗昉 嘉慶壬戌科榜
眼現任禮
部尚書

寶老夫子 名 興 嘉慶乙丑科進士現
任 文淵閣大
學士四川總督

盧老夫子 諱 蔭溥 乾隆辛丑科進
士前任體仁
閣大學士

特老夫子 名 登額 嘉慶乙丑科進

士現任禮
部尚書
陸老夫子 名建瀛 道光壬午科進
士現任直隸布
政使司布政使
吳老夫子 諱文林 道光己丑科進
士前任翰
林院檢討
季老夫子 名芝昌 道光壬辰科探
花現任吏部左
侍郎安徽學政
李老夫子 名振祜 嘉慶辛酉科進
士現任刑
部尚書
恩老夫子 名桂 道光壬午科進士現
任吏部尚書
步軍統領

卓老夫子名秉恬嘉慶壬戌科進士現任協辦大學士吏部尙書

侯老夫子名桐嘉慶庚辰科進士現任吏部右侍郎

舒老夫子名興阿道光壬辰科進士現任兵部右侍郎

辛卯鄉試中式第三十四名

戊戌考取覺羅教習第十一名（本職[illegible]）

會試中式第二百十五名

覆試二等

殿試三甲

朝考三等

欽點即用知縣籤掣山東

族繁不及備載

世居津邑鎮海門外西大沽

會試硃卷道光甲辰科

中式第二百十五名殷嘉樹直隸天津府天津縣廪貢生民籍

同考試官翰林院編修國史館纂修加三級陳 閱

薦

大總裁經筵講官工部左侍郎上書房行走加三級徐 批

取

又批大含細入

大總裁都察院左都御史廂藍旗漢軍都統總管內務府大臣教習庶吉士加三級文 批

取

又批清剛雋上

大總裁經筵講官工部尚書管理戶部三庫事務加三級陳 批

中

又批酣暢淋漓

本房總批

結體譽彬覃恩駿敏瑤臺絳雪瓊島紺珠風檣陣馬之詞鐵壁銅牆之力三藝取神于阿堵沈實高華五言依貌于長城清新俊逸經義則大春摛艷策對則小夏淹通洵爲寶氣燭天金聲擲地矣闈卷傳觀羣推佳士榜名高唱允洽衆心揭曉後知生丁沽舊澤甲第世家鯉庭垂訓髫齡便擷芹香黌序蜚聲小試屢膺茅列服驂而探桂窟之香教胄而得槐街之譽今兹名題蕊榜雲路梯青行看澤沛棠陰雷封建白懋爾鴻猷副予鶴望

下學而上達知我者其天乎

殷嘉樹

聖學以漸而進知之者鮮矣蓋上達固學中事而夫子第知下學也知我其天仍一莫我知之意乎語子貢曰吾人學問之事苟推之于人而多所格則心必自以爲疑而要其窮極乎學之蘊以循乎天之則覺其深造自得之情與其淺深相薄之理隨在皆可以自信信之既久而天與人息息其相通乃悟人事之無憑而天心之差有可據也不怨不尤我蓋有我所不容已者在也夫我所不容已者曰學而學所自致者曰達學以致知而知之理未遽明也古可好則敏以求學不講則憂以起由博返約初不計理解之何以

開而吾之學日精卽吾之知日擴擴斯達矣學以力行而行之事未易盡易則資以寡過恕則奉以終身積勤生奮幾不知才力之何以出而吾之學由此篤卽吾之行由此充充斯達矣達則由粗見精由表測裏深致其博焉約焉之功達則由好及樂由勉幾安自得其奧如曠如之趣我之學不日達而日上乎然要皆從下學來也然則宜有知我者矣內以成己外以成物氣類中原有應求矧優游漸進之功智與愚尤無二致也而何難于知也然而誰其知我者乎或疑我爲生知或尊我爲天縱心性中旣無眞賞將乎常切近之修始與終祇期自喻也而何昧于我也我蓋竊自審焉

意者人世之所顯背者彼蒼之所默契乎當夫一室賡歌但期優游而自得其中層累曲折之故夫亦誰信之而誰知之不得已而契合之神託諸無言之表則疑顧之託于虛而豈知消息潛通固不在致知窮理之外哉意者友朋之所恝置者造物之所神交乎當夫同堂講習未嘗立異以鳴高其中範圍曲成之事夫亦誰喻之而誰知之易一時而相賞之意寄諸冥漠之中則疑言之近于夸而豈知精神默會固即在躬行力踐之中哉知我其天我將何求乎其亦惟是下學焉以終吾身而已矣

本房加批

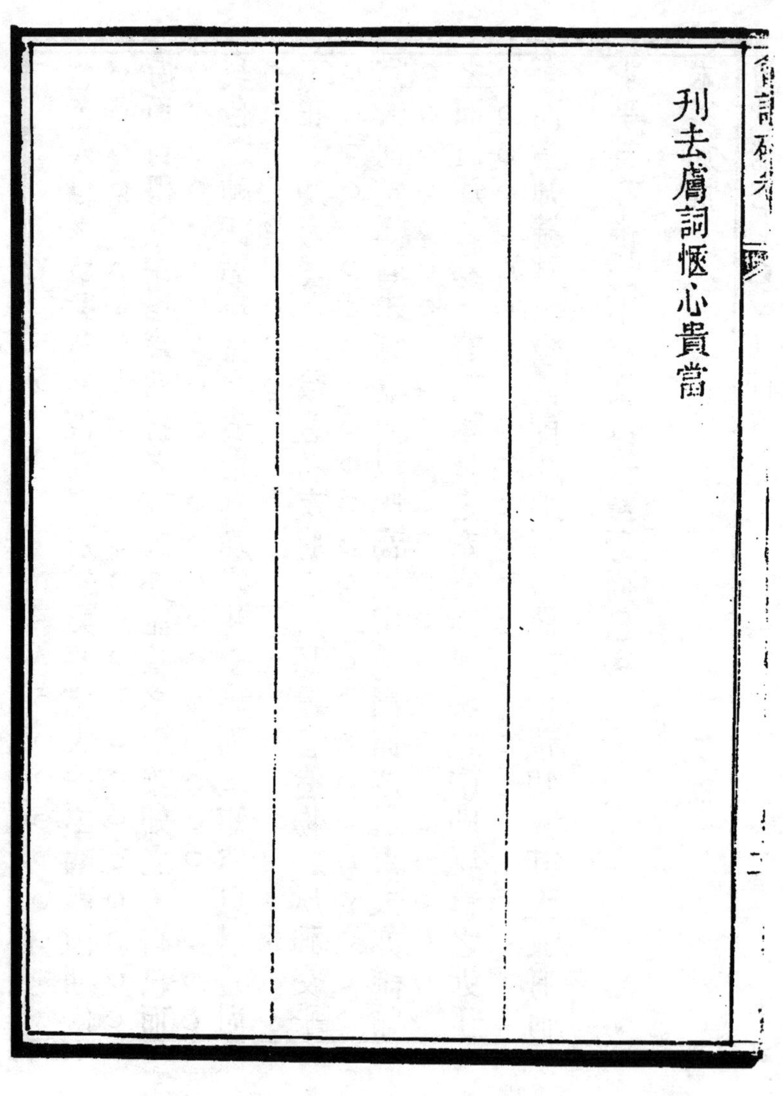

刊去膚詞愜心貴當

有所不足不敢不勉

殷嘉樹

能勉其所不足行庸德者益力矣夫不足亦行之者所自見耳有則不敢不勉庸德之行不益力乎中庸謂夫君子者未及乎安行而必待乎勉行者也然勉不勉之故視乎其行仍視乎行之者之心心見以爲無缺則雖有缺焉而不知心見以爲多虧則偶有虧焉而即覺策其先而猶慮其緩夫是以心與力交迫焉有如庸德之行豈易足哉達德達道之精層累焉而必無半途之可據俯仰皆吾身之責深求其理即已覺其艱一言行盡常有見絀不見盈者而又欺意之動以避其難則因無盈之非絀也人紀人綱之業

實驗焉豈易有一節之可安身心皆負疚之端偶踐其途何遽覔其責一言行蓋又有見危不見安者倘更因物之變以沮其心則固無安之非危也是必有所不足也然而孰知之而孰勉之者夫行之疚心也必不於顯而于微值乎境之常徑行吾意而無忤而性天不免遺悔之時遭乎境之變曲行吾術而愈窮而舉念幾無容身之地吾深致夫實在之詣力以求吾意之所樂居而此不足者乃歷歷有其實際之存以待吾彌縫之力矣夫行之階厲也不必于久而于暫薄于中將假于外稍作而致其情即儀文亦身所不習歉於外必先餒其中苟動而還其則即忠愛亦心所不安吾

深求夫衆著之功效以循吾分之所應爲而此不足者乃一一得其職此之由而可加吾充實之功矣有不足也君子蓋不敢不勉也凡行成於懼心之伏而覺察之力居先昧焉不知其缺陷則竟昧焉矣子臣弟友若而人能舉其大端未必能謹其小節或古人所已行而我躬不逮或前此所能行而今日多疎皆不足也勉焉者以懼心持之聖賢不言功而但言過誠不敢以缺畧之身坦然爲一日之安耳凡行成于果力之積而眞實之念居多頽然莫充其分量則竟頽然矣孝弟忠信數大事赤子可與知能成人終不免遺憾或外著已端其範而猶有內念之慙或門內不踰乎閑而

猶有大廷之愧皆不足也勉焉者以果力赴之聖賢但守其常而人自驚其獨誠不敢以性分之事覥然爲衆人之行耳此君子之行所以顧言也

本房加批

精心結撰獨得眞詮

以爲未嘗有材焉此豈山之性也哉

殷嘉樹

以無材誣山者山固不任其咎也夫山何嘗無材特以其濯濯耳然以是誣山之性山豈任咎哉且凡物有無之數其天乎其人乎有之而材自得所從生而又栽焉培焉爲究其有之終極此自天而人者也有之而材必完其分量而實勃焉鬱焉自卒其有之本然此又自人而天者也至於適然而有適然而無乃遂以人之故厚誣其生材之天如牛山之濯濯者可鑒焉向也千霄蔽日喬木依然今也拔幹削枝高山徒仰當春發生勾者出而萌者達匠石黯然而顧獨謂茲山猶匏落也于是紛紛然惜其無材而山亦幾

無以自解矣向也磊落英多蔭有千尋之直今也嵳峩獨立曾無一木之支歲云秋矣落其實而取其材公輸嚼然而嘆獨謂玆山猶初薙也於是竊竊焉議其未嘗有材而山亦坐受其誣矣雖然亦思此無材者其果山之性也耶其非山之性也耶大抵天下事出于戕殘剝蝕之餘必輾轉而失其故目前之不類遂不暇追溯其從來而概執一成之說以相詬牛山之所以身受其厄也吾爲山之生材者惜也天下事動于目見耳聞之故必反覆焉而没其真事後之訾嗷遂不難厚誣其本始而但據見在之境以爲言牛山之所以日見其剝也吾更爲山之生材之性危也然而其材若彼其

性若此直辯之無待辯矣明明虞衡林麓之所司豈其以山川之靈坐困于翦伐遂謂是童童者並無寸木之昭蘇也卽曰大木百圍之質擇地而生而尚不得以塗泥墳壤生物厚薄之稍殊而謂其性亦殊培塿之墟松柏不殖崔嵬之山其草不繁彼各率其性之自然者而已矣而誰謂牛山之性庸有終始之不然也哉且訾之無可訾矣明明雨露霜雪之所濡豈其以山澤之儲侵尋于擾剔遂謂是磽磽者並無生理之固結也卽曰楚材負異之姿其天無損而正不得以草天木喬與物盛衰之有異而謂其性亦異橘踰淮而變謂之地氣桑越宿而生謂之天時彼各覩其性之所成者

而已矣而誰謂牛山之性直不必計其前後之所成也哉而豈山之性也哉夫誣山之性且不可奈何以人之性而反誣之也

本房加批

手揮目送意到筆隨

賦得白駒空谷得人字五言八韻　殷嘉樹

駒有空羣目幽巖此寄身賢眞如白玉谷亦遠紅塵駕促驪
歌早衣披鶴氅新騂騮同入選苗藿儼生春志潔防由徑風
淸記剪榛行踪驚並出心事蘧求伸飲食偕鶴侶逍遙集鹿
賓虛公欽
聖念博採重官人

本房加批

節雅音和

焦駿楓

始祖可立

始祖妣氏汪

二世祖永富

二世祖妣氏汪

三世祖成鳳

三世祖妣氏姚

字吟江號丹臣行一道光戊戌年九月二十七日吉時生直隸天津府天津縣學增廣生民籍

二世胞叔祖永貴國學生

堂太高伯祖成龍

從堂高叔祖文會　文元　文魁

胞曾伯祖天玉　天瑞　天民字聖初誥封奉政大夫晉封朝議大夫江西饒州府知府

再從堂曾伯叔祖天祥　天福　天寶　天卿　天臣

履歷

高祖文士 夫 誥贈奉政大夫 晉贈朝議
大夫江西饒州府知府
高祖妣李氏 誥贈宜人 晉贈恭人
曾祖天相 夫 誥贈奉政大夫 晉贈朝議
大夫江西饒州府知府
曾祖妣安氏 誥贈宜人 晉贈恭人
張氏 誥贈宜人 晉贈恭人
祖景陽 國學生 敕贈文林郎 貤贈奉直
大夫吏部考功
司主事加一級

堂伯叔祖景和 景美 景春 景開 景運 景行
景竑 候選從九品
胞伯祖景新 乾隆戊申 恩科舉人嘉慶辛酉 恩
科進士吏部考功司主事文選司掌印
郎中掌江南陝西道監察御史署禮科戶科給事
中巡視山東漕務丁丑己卯科會試同考官江西
饒州府知府 誥授朝議大夫 誥
贈中憲大夫出嗣曾伯祖聖初公
從堂伯叔有餘 有恒 郡庠生 有信 有爲 有章 有
寘 有震 有燮 有霖 祐清 山西候補府經歷
堂伯祐溎 道光丁酉科拔貢己亥科舉人原任盧龍
縣訓導 敕授文林郎 貤封奉政大夫
石瀛 道光丁酉科拔貢己亥科舉人辛丑科考取
祐瀛 內閣中書軍機章京前任太僕寺卿軍機

妣吳 敕贈孺人 貤贈宜人

氏 敕封孺人 貤贈宜人

父有霈 道光癸卯科舉人 大挑二等前任冀城縣教諭 例封奉直大夫吏部考功司主事 加一級

母氏王 道光辛卯科舉人諱治安公女 誥贈宜人

氏李 武庠生諱長蔭公女邑庠生名鏞公胞妹 誥贈宜人

臣上學習行走

從堂兄弟駿聲 咸豐戊午科舉人現任內閣中書協辦侍讀 國史館校對本衙門撰文

駿年 國學生 駿芳

再從堂兄弟延年 延齡 延袞 延科 延銘 河南候補縣丞 延榮 延第 延甲 延麟 延印 延元

駿英 延煦

胞弟駿祺 駿譽 駿猷

再從堂姪恩翰 恩紱 恩麐

胞妹一 適甲辰恩科副榜現任湖南桃源縣知縣即補直隸州知州 欽加知府銜劉公名祓

三

配

氏趙候選從九品諱之鈴公女六品銜名

瀾公名湘公胞

妹　誥封宜人

嚴慈侍下

業師

庭訓

堂伯桂樵夫子印祐瀛

母舅子鶴皋夫子印鏞

岳丈蔡壽山夫子印如春

課師

慶次子　國史館謄錄即選鹽場大使名祝同公

知州銜湖北即補知縣名祝穀公胞姪名宗漢

娶蔡氏國學生諱盛德公孫女廩膳生候選訓導名

如春公長女守禦所千總名和春公七品銜

名逢春公名遇

春公胞姪女

子恩綬

女

李秋原夫子 諱昀 己卯科舉人原任田福建永安縣知縣

吳傳嚴夫子 印 士俊 癸巳科進士前湖南彬州直隸州知州署長沙寶慶府知府 欽加知府銜

崇地山夫子 印 厚 己酉科舉人現任兵部侍郎三口通商大臣

寬鍾麐夫子 印 明 甲辰科進士現任長蘆鹽運使司鹽運使

李雲生夫子 印 同文 壬辰科舉人現任天津河間兵備道 欽加布政使銜

受知師

王香圃夫子 印 蘭廣 丁酉科拔貢前天津縣知縣 欽加運同銜

石襄臣夫子 印 贊清 戊戌科進士現任湖南布政使司前天津府知府

萬藕舲夫子 印 青藜 庚子科進士現任 經筵講官兵部尚書兼管順天府府尹事務

房

楊蔀堂夫子 諱式穀 辛丑科進士原任禮部右侍郎前順天學政

楊輔香夫子 印榮緒 庚戌科進士現任浙江湖州府知府辛酉鄉試同考官

何紫瀛夫子 印瑞[illegible] 庚申 恩科進士現任吏部文選司主事

賈筠堂夫子 印楨 丙戌科進士現任 經筵日講起居注官 太子太保武英殿大學士翰林院掌院學士管理兵部事務

瑞芝生夫子 印常 壬辰科進士現任 經筵講官協辦大學士吏部尚書 武英殿總裁

羅椒生夫子 印惇衍 乙未科進士現任經筵講官戶部尚書

紹秋皋夫子 印祺 丙辰科進士現任翰林院侍講癸亥科會試同考官

原空白頁

鄉試中式第一百十一名
會試中式第十七名
殿試第二甲第四十四名
朝考第二等第三十三名
欽點主事籤分吏部

族譜祇載本支
世居錦衣衛橋

李世珍

曾祖馨

曾祖妣氏周 拔貢生諱焯字月東公曾孫女月東公著有卜硯山房詩稿載天津縣志

敕授武略騎尉候補千總諱鳳翔公姑母 敕封武略騎尉諱錫光號慶堂公祖姑母

祖忠孝 貤贈奉直大夫

祖妣氏趙 貤贈太宜人

父銳 誥贈奉直大夫

母氏杜 誥贈太宜人

[illegible]

字聘卿號筱樓一號悔軒行一道光辛巳年六月初五日吉時生直隸天津府天津縣府學附生民籍

胞叔錕

胞叔母氏單

氏閆

氏馮

嫡堂弟世榮 國學生

胞姊一 適處士趙名有年號玉豐

娶姜氏 欽加都司銜名士喆號毓亭胞姊

妾張氏

郭氏

屢尺

繼母氏劉 誥贈太宜人

孫感下

受業師

張意珠夫子 諱秉智 廩膳生

曾鐵珊夫子 諱硯貽 道光乙酉科舉人

楊琴泉夫子 諱維敬 增廣生

李作舟夫子 諱楫 己卯科舉人候選知縣

劉式周夫子 諱晃 道光辛巳恩科舉人大挑二等前任宣化府懷來縣教諭

張敬庵夫子 諱紀 乙酉舉人前選廬龍教諭

徐雲夫夫子 諱昇青 辛卯舉人大挑二等前任東安縣教諭歷署保定府學教授廣昌縣學教諭由

子文葆 候選從九品

子室劉氏 處士諱蘅林號芸石長女

女六 長字國學生劉公諱元善字長仁第九孫增廣生議敘六品軍功名祉蕃號小園長子諱光甲號竹溪未聘女郎逝

次適沈公諱言號孔彰第五孫國學生名慶和號壽雲第三子名汝椎號桂溪

三適候選從九品王公諱清號靜齋長孫附貢生名式金號品三長子候選從九品名小岩號亦峯

四適 誥封武德騎尉徐公名文質號聘臣姪孫 貤封武德騎尉名文元號奎一公長孫國學生名維藩號价卿長子名士彥號碩輔

五字候選守禦所千總楊公諱汝源號方達第五孫候選千總名誼號允和第五子名恩陛號鑾坡

六尚

軍功保舉 欽
加六品職銜
馮桐君夫子 名 向榮 道光壬辰科舉人大
挑二等選授
新河縣教諭
受業
張蓮峯先生 名 萬選 邑增廣生 議叙七品
職
銜
劉小園先生 名 祉蕃 邑增廣生 議叙六品
軍
功
肄業師
管椒軒夫子 諱 適蕃 癸未科進士 前任長
蘆鹽運使
司鹽運使
陶鹿崖夫子 名 士霖 壬午科進士 前任長
蘆鹽

孫繩武

廣鹽運使
司鹽運使

王笑山夫子名發桂丙申翰林現任刑部左侍郎

任馥塘夫子名鳳翔乙未己亥癸卯副榜乙卯科舉人安平縣教諭

張秋潭夫子名元乙酉科舉人大挑二等候選教諭

受知師

帥海門夫子諱承瀚都察院副都御史前任順天學政

馮吾園夫子諱芝禮部侍郎前任順天學政

楊簡侯夫子名能格丙申翰林前江甯布

政使　賞戴花翎現任候補
按察使己亥科鄉試同考官

王怡山夫子名遹昭丙申進士掌福建道
監察御史庚子
恩科鄉試同考官

杜芝農夫子諱受田癸未傳臚協辦大學
士　晉贈太師　賜謚文正
甲辰　恩科鄉試大主考

張蘭芷夫子諱灃中丁丑進士刑部右侍
郎山東巡撫甲辰
恩科鄉試大主考

羅蘿村夫子諱文俊壬午探花工部左侍
郎甲辰　恩科
鄉試大主考

汪衡甫夫子諱本銓己丑進士前任浙江
巡撫甲辰　恩
科鄉試同考官

姚子瑛夫子諱福增壬辰進士乙巳科會

試同考官

方欽苕夫子名濬頤甲辰進士廣東等處都轉鹽運使司鹽運使丁未科會試同考官

杜蓮衢夫子名聯庚戌進士日講起居注官翰林院侍讀學士己未科會試同考官

王少鶴夫子名拯辛丑進士前任通政使司通政使庚申恩科會試同考官

農癸酉科鄉試中式第七十五名

會試中式第七十名

殿試三甲第七十九名

欽點即用知縣

改授主事籤分吏部

族繁祗載本支

世居天津縣鎮海門外河東三甲

李錫朋

七世祖九皋
七世祖母氏張王
六世祖宇魁 敕封文林郎
六世祖母氏劉 敕封孺人
五世祖天祿 敕封文林郎
五世祖母氏趙 敕封孺人
高祖廷秀 候選經歷 敕封文林郎
高祖母氏白王劉 敕封孺人

字燕唐號竹村行二道光丙戌年五月初八日吉時生係直隸天津府天津縣附生民籍己酉科舉人甲寅考取咸安宮教習壬戌大挑一等

七世叔祖九峩 原任武強縣知縣
六世叔祖世 邑庠生
六世嫡叔祖宇夏
五世伯叔祖維乾 候選州同 維盛 候選州同 維明 候選州同 維翰 邑庠生 維棟 癸酉科武舉人 維純 維給 原任蘄水縣縣丞 維約 恩授承德郎
五世從堂伯叔祖天才 天榮 天祚 天福
高伯叔祖鈺 國學生 鋭 國學生 鏗 候選州同 鑲 國學生 鈞 府庠生

辰

曾祖玉義 恩貢生 候選州判 敕封

曾祖母氏田 孺人 敕封

祖兆熊 文林郎 敕封

祖母氏路 之長女旌表節孝 欽賜正八品路鄉

例贈孺人 譚 恩誥封安人

父華 文林郎 例封

母氏趙 楊孺人 例封

慈慶下

業師

朗齋朱老夫子 名烱 廩膳生

少蘭朱老夫子 名以貫 廩膳生 丙午科

鋹 鍈歲貢生 鈐丁酉科武舉人 綸 鐗邑庠生

嫡堂高伯叔祖 臨濤 堃 廷貫 廷弼

曾伯叔祖 淇國學生 澐歲貢 涵國學生 永 溥國學生 濂

漪國學生候選州同 治 湜壬申科舉人原任撫寧縣教諭 彬國學生

江 潔邑庠生 深 沖邑庠生 洸國學生 洙國學生 津

永齡武庠生 法溶國學生

嫡堂曾伯祖玉藩國學生 玉藻丙子科舉人原任福建汀州府武平縣知縣歷任台灣縣知縣署理汀州府分府丁酉科鄉試同考官 玉清國學生

玉溪庚子舉人原任雲南宜良縣知縣歷任恩安縣知縣呈貢縣知縣馬龍州知州景東廳直隸同知陞大理府知府雲南府知府壬子科鄉試同考官

從堂曾伯祖玉范

由薦卷挑取謄錄

畢老夫子名文炳邑庠生

膺池金老夫子名紹蘭太學生辛卯科薦卷

位衡韓老夫子名大銓廩膳生

朗亭俞老夫子名隆濟廩膳生庚子科薦卷挑取謄錄

視香馮老夫子名相之壬午科經魁

桂舫劉老夫子名慶元乙酉科舉人前任四川彭山縣知縣

課師

伯叔祖棠 杲 梓國學生 榘 楷 樞 樾

模 楫 樟國學生 松年邑庠生 棻國學生 校

椿年 榦 相 植 杜 栢 朱 楹

柱 大椿國學生 雙杏國學生 壽之邑庠生

嫡堂伯叔祖鑾基 鑾城 鑾璽 鑾鑌 鑾育

光斗國學生 逢聖國學生 霖蒼國學生 際昌廩膳生

慶餘原任雲南麗江府分防同知署南安州 厚培原任湖北武昌府糧捕通判

從堂伯祖肇圻

嫡堂叔炳現任廣東高州吏目 春穠 發芳 賁第 焜

河南郎補分縣江蘇候補按司獄 煐

二

邁渠汪老夫子 名彭 戊辰科舉人 恩

子班張老夫子 名起鵾 前任天津河間兵備道

香士錢老夫子 名炘和 乙未科進士前任天津府知府

雲濤廣老夫子 名尊 癸巳科進士前任天津府同知

香圃王老夫子 名[illegible]慶 拔貢前任天津縣知縣

鶯臺郭老夫子 名紹曾 乙未科舉人丙申科進士前任天津縣知縣 歷任[illegible]

嫡堂弟振聲 振嘉 振甲 雙寶 福生

壽生 紹聞 紹言 紹堂 元熙

胞兄纘祖

胞弟纘武 錫疇 錫臣 俱業儒

胞姪

娶姚[illegible]孫氏

子

女二

恩師

蘐堂王老夫子名廣蔭癸未科榜眼原任順天提督學政前任都察院左都御史

橄堂朱老夫子名嶟己卯科進士原任順天提督學政原任倉場總督戶部侍郎

荇農周老夫子名壽昌乙巳恩科進士翰林院侍讀學士

鄦生靈老夫子名桂戊戌傳臚現任理藩院尚書

琢老夫子名瑞珍

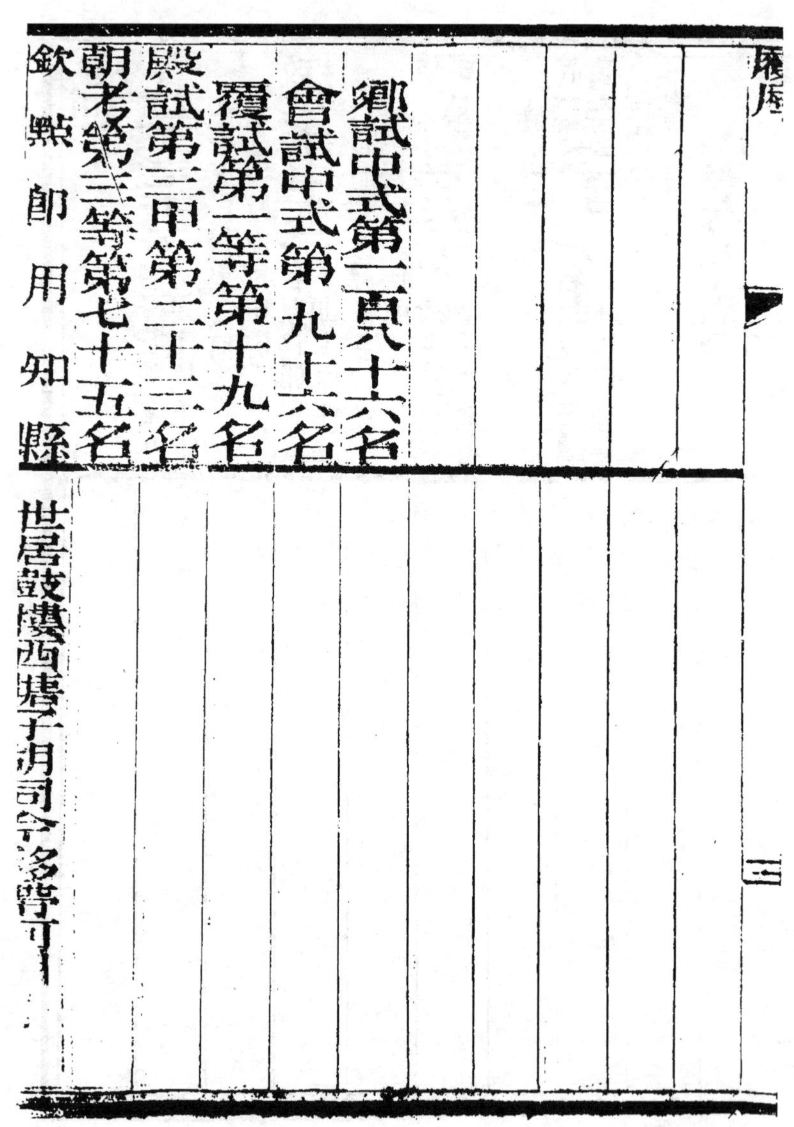

鄉試中式第一百八十六名
會試中式第九十六名
覆試第一等第十九名
殿試第三甲第二十三名
朝考第三等第七十五名
欽點郎用知縣

世居鼓樓西街子胡同今移寓……

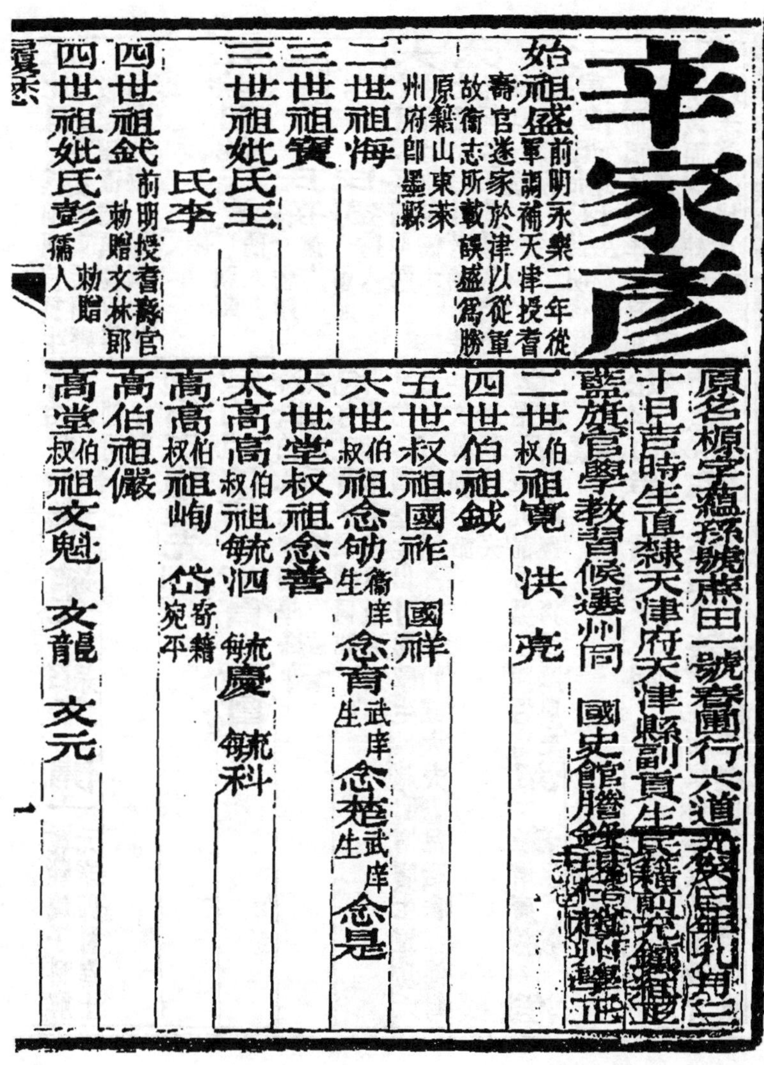

辛家彥

原名棣字蘊孫號燕田一號春圃行六道光癸[illegible]

十月十二日吉時生直隸天津府天津縣副貢生[illegible]

藍旗官學教習候選州同 國史館謄録[illegible]

始祖盛 前明永樂二年從軍調補天津授耆壽官遂家於津以從軍故衛志所載誤盛爲勝原籍山東萊州府即墨縣

二世祖海

三世祖寶

三世祖妣氏王

氏李

四世祖鉽 前明授耆壽官 勅贈文林郎

四世祖妣氏彭 勅贈孺人

二世伯叔祖寬 洪 亮

四世伯祖鉞

五世叔祖國祚 國祥

六世伯叔祖念劬 衛庠生 念育 武庠生 念桅 武庠生 念是

六世堂叔祖念善

太高伯叔祖毓泗 毓慶 毓科

高高伯叔祖峋 岱 寄籍宛平

高伯祖儼

高堂伯叔祖文魁 文龍 文元

五世祖國運前明歲貢生山東長清縣教諭擢直隸順德府唐山縣知縣敕授文林郎

五世祖妣氏姜敕贈孺人

氏孫敕贈孺人

氏劉敕贈孺人

六世祖念恒前明禮部儒士

六世祖妣氏劉苦節未旌載入衛志辛氏一綫賴劉以存

太高高祖毓洙前明衛庠生公三歲而孤性至孝承慈訓奮志讀書甫弱冠補弟子員而屢躓棘闈終以未遂顯揚爲憾

曾伯叔祖纘先 緒先 紹先 開一乾隆戊子科解元辛卯科進士即用知縣

胞曾叔祖繩先國學生

堂伯祖述曾 衍曾 發曾

嫡堂伯叔祖光會國學生 學會

胞伯祖仰會候選同知誥授奉政大夫

胞伯叔澎國學生出嗣長門 潤國學生貤封朝議大夫 澐增廣生軍功六品職銜例封文林郎誥封朝議大夫

堂伯叔濆從九品分發山西署甯武府經歷猗氏縣典史 潔 濤增廣生 漣 淮

瀛

從堂伯浩 清 泳 瀾

嫡堂兄弟棠 棨從九品 榮貢生甲寅科考取八旗教習欽加運同銜同知用山東

太高高祖妣氏宫
氏劉
高高祖天相
高高祖妣氏張
高祖俠歲貢生誥封奉政大夫
高祖妣氏于誥封宜人
曾祖繼先國學生誥封奉政大夫
曾祖妣氏趙誥封宜人
祖顯曾字蘊亭歲貢生敕封儒林郎誥
封朝議大夫敕封文
林郎翰林院庶吉士
祖妣氏黃郡增生諱如珪
郡庠生諱如璋
公姊母甲午科舉人諱
景芳公姑祖母敕封
夏氏

候補知縣軍功隨帶加二級賞戴藍翎桂 騟 桀山西候補縣丞杰守禦所千
總賞戴藍翎楣候選府經歷樾國學生
堂兄弟植從九品 楨 樞 椿 楷 楫 鳳梧國學生 鳳
桐 鳳林國學生
從堂兄森 樟 棫 彬
嫡堂姪光熊軍功議敘六品銜 元煥候選典史 元煨國學生 元焌廩膳
生 元燮 元煦國學生 元熙邑庠生 元焯邑庠生 元照
元勳儒業 元烒儒業 元烈儒業 元炷 元燒 元耿
從堂姪元燁 元燦國學生 元焙 元炬 元煌 元
燾
再從堂姪士煜 士焜 士煇 士烽 士燨 士
烜

二

安人誥封恭
人勅封孺人

陳氏邑庠生諱廷榮公女勅封儒
林郎諱祚諱康公胞妹
貢生諱守初公貢生候
選州同諱守恭公候選
州同諱守質公胞姑母
壬子恩科進士掌山
東道監察御史欽加
知府銜諱駿公姑祖母
辛酉科舉人王戌科教
習名法錄邑增生名法
良姑曾祖母勅封安
人誥封恭人

劉氏邑庠生諱斌公孫女候選州同
諱恕公次女例封文
林郎諱春祺公貤封
文林郎諱春慶諱春華
公胞妹候選從九品諱
象泰公軍功八品銜諱
象咸公胞姑母戊子科

嫡堂姪孫道培業儒樹培業儒恩培 承培 德培 錫
培 天培 世培俱幼

從堂姪孫增業儒墀業儒塏 坤 圻俱幼

再從堂姪孫域業儒塤 均 坦俱幼

娶金氏乾隆乙卯科舉人井陘縣訓導諱思誠公曾
孫女乾隆壬子科舉人文安縣訓導諱紹驥
公姪孫女國學
生諱印曾公女

繼娶宋氏郡庠生諱
栻公長女

子元熾國學生 元炘附貢生分省補用知縣欽加同知銜 元炳
元爗郡庠廩膳生癸酉科鄉試薦卷 元煒業儒

女

孫福培 祖培俱幼

舉人諱光國公姑祖母
勅封安人　誥封恭
人　勅
封孺人
父漢字友江候選從九品
勅封儒林郎　勅
封文林郎翰林院庶吉
士　誥封奉政大夫
晉封朝
議大夫
母氏劉候選從九品例
封文林郎　貤贈
武德佐騎尉諱佐清公
女　誥封武德佐騎尉
諱熊光公辛巳恩科
副榜癸未科考取八旗
教習候選知縣諱龍光
公胞妹候選守禦所千
總　賞戴藍翎晉封
奉直大夫諱毓樹公守
禦所千總名寶樹公胞
姑母廣東候補鹽大使
名長忠布政司理問名
長齡姑祖母　勅封安

[illegible]恩

人　勅封孺人　誥

封宜人　晉封恭人

氏淩國學生候選州吏目諱鎭公女邑庠

生諱文蔚公軍功九品

銜諱文葆公現任河南

彰德府臨漳縣典史名

文英公嫡堂妹　勅封

安人　勅封穩人　誥

封宜人　晉封恭人

慈侍下

業師

庭訓

胞伯介陂夫子諱澐

堂伯松崖夫子諱濤

李小江夫子諱宗城

孫琴溪夫子諱毓清

朱芸閣夫子諱照
陸壽甫夫子諱光錫
余階升夫子諱堂
華慎五夫子諱典

課師
鄧樵香夫子諱湘霖
秦誼亭夫子諱炳文
任馥堂夫子名鳳翔
顧湘坡夫子名嘉蘅
張若度夫子諱紹齡
汪蓮渠夫子諱彭
李春潭夫子諱源

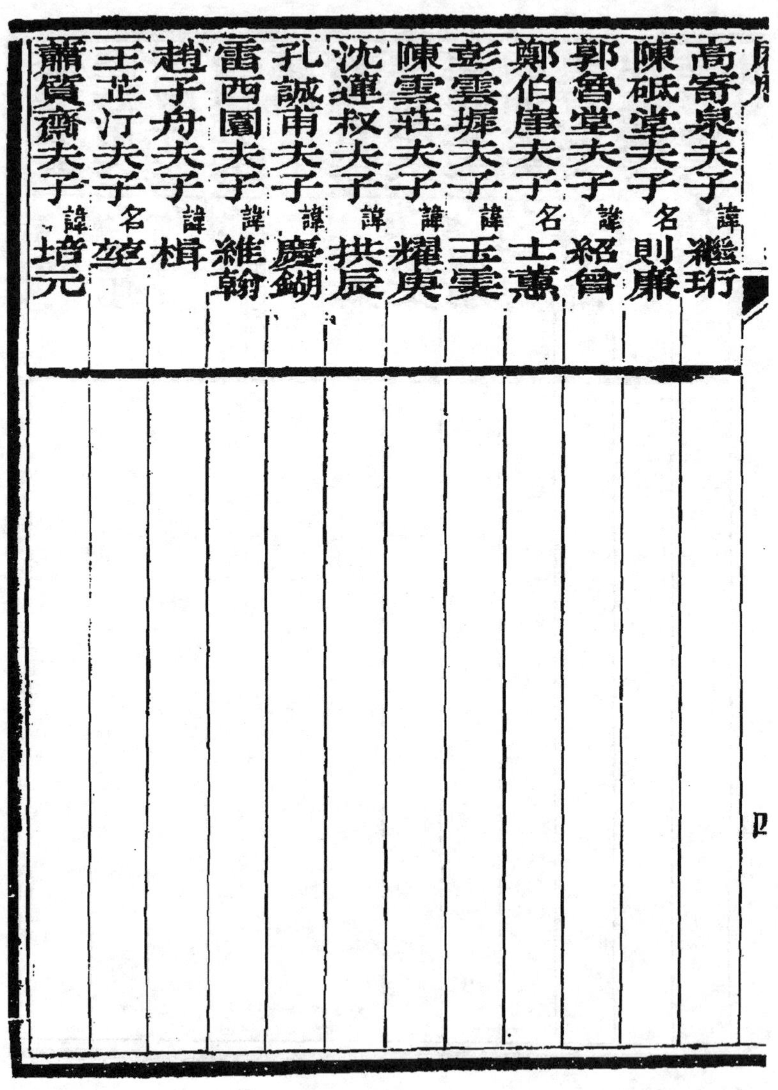

高寄泉夫子　諱繼珩

陳砥堂夫子　名則廉

郭會堂夫子　諱紹曾

鄭伯崖夫子　名士蕙

彭雲墀夫子　諱玉雯

陳雲莊夫子　諱耀庚

沈運叔夫子　諱拱晨

孔誠甫夫子　諱慶鍸

雷西園夫子　諱維翰

趙子舟夫子　諱楫

王芷汀夫子　名[illegible]

蕭質齋夫子　諱培元

蔡蓮樵夫子 諱紹洛
楊慰農夫子 諱霈
瑛蘭坡夫子 名棨
錢香士夫子 諱炘和
張子班夫子 諱起鶴
覺羅海崑圃夫子 諱瑛
李惠如夫子 諱希彬
程楞香夫子 諱庭桂

受知師
陳鍾山夫子 諱可珍
恒宜亭夫子 諱春
潘芸閣夫子 諱錫恩

馮吾園夫子 諱芝

黃樹增夫子 名倬

羅蘿村夫子 諱文俊

張蘭芷夫子 諱澧中

杜芝農夫子 諱受田

趙岵存夫子 名昀

曾滌生夫子 諱國藩

王夔堂夫子 諱廣蔭

瑞芝生夫子 諱常

許雲生夫子 名振禕

李夢韶夫子 諱鈞

花松岑夫子 諱沙納

徐梅樵大夫子 諱 澤醇

李靜山夫子 名 培祜

何慶卿夫子 諱 彤雲

賈筠堂夫子 名 楨

潘伯寅夫子 名 祖蔭

郭玉麓夫子 名 祥瑞

呂九霞夫子 諱 朝瑞

周叔雲夫子 名 星譽

桑百齋夫子 名 春榮

譚竹岩夫子 諱 廷襄

寶佩蘅夫子 名 鋆

毛旭初夫子 名 昶熙

屐敗

沈經笙夫子 名桂芬

賀雲甫夫子 名壽慈

彭味之夫子 名久餘

祟文山夫子 名綺

溫明叔夫子 名葆深

宗室綿佩卿夫子 名宜

徐蔭軒夫子 名桐

夏子松夫子 名同善

黃孝侯夫子 名鈺

董醞卿夫子 名恂

龔叔雨夫子 名自閎

童薇研夫子 名華

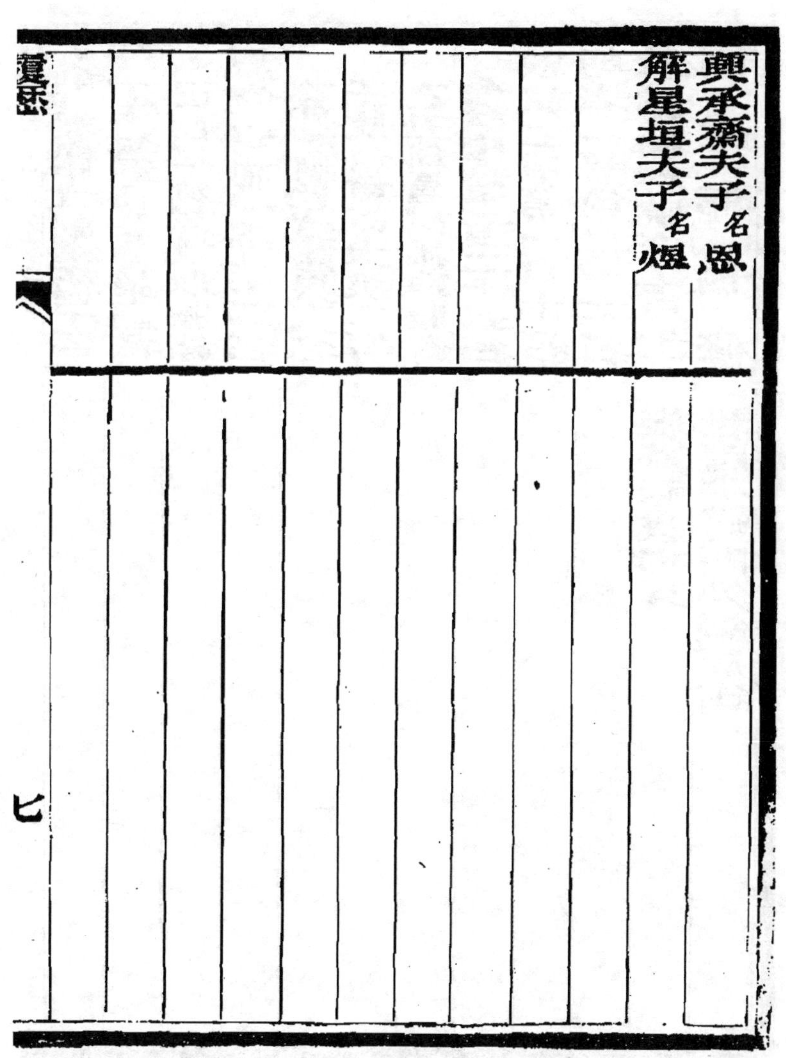
興承齋夫子名恩
解星垣夫子名煜

履歷

甲辰恩科鄉試中式副榜第四十名

丁未科考取八旗教習第十三名

己酉科鄉試挑取謄錄

恩詔考職一等第二名

乙卯科鄉試中式第四百十六名

壬戌科會試大挑二等

乙丑科會試挑取謄錄

會試中式第二百二十五名

殿試二甲第二百十名

朝考一等第二十六名

欽點翰林院庶吉士

國史館協修

族繁祇載本支

世居帶河門外鍋店街

欽命四書詩題

王用欽

字覲宸號敬臣行一道光己酉年
六月十一日吉時生直隸天津府
天津縣學優廪生民籍內閣中書

七世祖九惠 候選同知
七世祖妣氏宋
八世祖廷輔 例贈修職郎
八世妣氏祝
高高祖士英 候選縣丞 例贈文林郎
高高祖妣氏馮 例贈孺人
高祖璽 太學生 貤贈奉直大夫
高祖妣氏楊 貤贈太宜人
曾祖肅槐 太學生

高高伯祖士俊 士秀
高高叔祖士傑 太學生 誥授武德騎尉
高叔祖瑞 候選縣丞
胞叔曾祖育槐 誥封奉直大夫 候選州同加二級 紹槐 附貢生
胞伯祖景章 太學生 景烈
嫡堂伯祖景通 候選州同加二級 誥授奉直大夫 景陽 邑庠生 景尊
嘉慶戊寅恩科舉人
嫡堂叔祖景銓 丙戌優貢 景錫 道光乙酉科拔貢南樂縣教諭威縣訓導 景
符 國學生

一

居

曾祖妣氏張 孺人 例贈
氏張 孺人 例贈
祖雲鵬 贈奉直大夫廩貢生 敕授儒林郎 誥
候選訓導
祖妣氏韓 贈宜人候選州同 敕封孺人 誥
誥授奉直大夫誥封
通奉大夫諱維城公女國
學生 誥封通奉大夫諱
維垣公廩貢生原任大城
縣訓導 誥封通奉大夫
諱維墉公胞姪女戊辰
恩科舉人軍功 賞戴藍
翎重赴鷹揚 欽加五品
銜諱慶元公戊寅已卯聯
捷進士翰林院編修掌河
南道監察御史道光辛巳
恩科廣西正主考癸未
會試同考官壬辰 恩科
浙江副主考諱大信公堂

堂伯之屏 之翰 河南柘城縣典史
嫡堂伯述曾
堂叔登瀛 魯言 龍標 恩慶 誦春 誦堯
胞叔近勇 從九職銜 貤封奉直大夫
堂兄百順 千祥
堂弟秉乾 秉泰 秉謙 承棟 德蔭 秉咸
本生胞弟仲欽
嫡堂弟敘欽
娶金氏 處士諱玉岡字芥舟公元孫女邑庠生諱
方公曾孫女乾隆丙子科副舉人諱勇公
乾隆辛丑科進士諱思義公曾姪孫女 敕封
修職郎諱佩字芥孫公孫女嘉慶丙辰科進士
山東萊蕪縣知縣諱歐公姪孫女從九品 貤
封奉直大夫名際泰公女郡庠生諱濤公胞姪
女七品銜名淮公道光己酉科舉人現任四川
成都仁壽等縣知縣名鳳洲公邑庠生名達瀾

妹廩貢生　恩賜六品銜
誥封通奉大夫　賞戴
花翎諱大任公胞姊廩貢
生二品　封典　賞戴花
翎原任刑部湖廣司郎中
欽放山西蒲平府知府
諱省銘公附貢生花翎議
敘運同銜二品　封銜名
省鉞公花翎四品銜候補
郎中刑部山東司行走名
省銓公花翎四品　封銜
名省釗公嫡堂姊增貢生
二品　封典　欽加道銜
賞戴花翎原任工部營
繕司員外郎諱宗源公增
貢生花翎四品銜候選光
祿寺署正名宗清公提舉
銜候選通判諱宗湞公
賞戴花翎四品銜候選員
外名宗泗公花翎四品銜
候選通判諱宗洛公歲貢
生五品銜花翎候選訓導
名宗濂公胞姑母花翎同
知銜名宗濱公嫡堂姑母

公姪女郡庠生
諱勳公嫡堂妹

張氏

誥贈資政大夫　誥授奉政大夫乾隆
丙午科副榜戊申　恩科經魁歷任河南
舞陽魯山祥符等縣知縣升汝州直隸州知州
戊辰　恩科河南鄉試同考官諱樹之公曾孫
女　誥贈資政大夫　敕授修職郎候選縣丞
諱宗瀚公孫女　誥授奉直大夫貴州安順府
經歷山西候補知縣　欽加知州銜諱振緒公
胞姪女　誥封資政大夫　誥授中憲大夫候
選郎中特用知府　欽加道銜　賞戴花翎名
鳴鐸公女丙寅科謄錄　國史館議敘鹽大使
名其琛胞妹候選主政　欽加五
品銜　賞戴藍翎名承基胞姊

子

女二

履歷

廪貢生諱棪公道光己酉科拔貢原任廣西富川縣知縣同知銜諱榮公堂姑母國學生甲子科謄録充實録館謄録議叙通判花翎候選郎中名蔭棻邑庠生名蔭梓邑庠生名蔭楨胞祖姑母甲戌科謄録充國史館謄録議叙通判名蔭榕堂祖姑母

父近仁 誥贈奉直大夫

母氏張 誥封宜人太學生諱絅公女歲貢生候選訓導諱汝俊公胞姪女

本生父近智 附貢生 誥封奉直大夫

本生母氏李 誥贈宜人附貢生 貤贈武畧騎尉諱樹華公孫女廪貢生原署正定府藁城縣訓導嘉慶庚申 恩科舉人 實録館校録選授河

南新鄭縣知縣歷任四川
屏山銅梁等縣知縣加三
級　誥授奉直大夫諱長
清公歲貢生候選訓導
例授修職郎諱長棻公姪
孫女廪膳生諱觀公女軍
功六品銜　例授武略騎
尉諱晉公郡增生諱中字
公胞姪女太學生道光壬
子考取恩職候選主簿
例授修職郎諱益謙公
姪女附貢生原任安徽宿
州州判歷署定遠靈璧等
縣知縣　敕授徵仕郎諱
葆謙公郡庠生諱光謙公
堂姪女邑庠生名兆蓉公
堂妹咸豐乙卯科舉人王
戌會試大挑二等揀選知
縣津防出力　欽加五品
銜名秉璋公附貢生即選
巡檢名仲平公邑庠生名
國祥公附貢生運同銜名
運昌公恩貢生候選教
諭名叔泰公堂姊乙亥

三

恩科舉人名春棣同知銜貢生諱春禮郡庠生名春澤堂

姑母

邢氏 誥贈宜人康熙庚子科舉人諱琰公元孫女乾隆辛酉科舉人藁城縣教諭山西岳陽縣知縣丁酉科山西鄉試同考官諱雲龍公姪曾孫女　敕封修職郎諱毓岱公女從九品名紹曾公胞妹國學生名紹文公國學生名紹先公胞姊

徐氏 誥封宜人康熙戊戌翰林河南布政使護理巡撫部院諱聚倫公來孫女川餉議敘州同諱都公元孫女乾隆丙午科舉人內閣中書諱通復公曾孫女太學生諱必名公孫女郡庠生諱善來公胞姪女太學生諱福來公長女

慈侍下

本生具慶下

庭訓

受業師

朱少嵐夫子 諱 以貫

郭琴舫夫子 名 春瀛

馮桐君夫子 名 向榮

表叔韓吟舫夫子 諱 宗源

課師

華庭夫子 名 克明

蕭筱齋夫子 諱 增元

許少珊夫子 名 誦恒

劉韞齋夫子 名琨

吳傳巖夫子 名士俊

李壽笙夫子 名同文

賈幼亭夫子 名學曾

陳筱蕃夫子 名璽

黃東耘夫子 諱仲畬

雲舫夫子 諱恒慶

廉琴舫夫子 諱兆綸

周琳叔夫子 名家勳

雲峯夫子 名恩福

任春如夫子 名信成

徐繼賢夫子 名本衡

楊瑞廷夫子 名國祀

夢樵夫子 名博多宏武

劉彥三夫子 名傑

地山夫子 名崇厚

程容伯夫子 名恭壽

王鈞軒夫子 諱繼庭

李捷峯夫子 名文敏

李鐵梅夫子 名嘉端

何駿生夫子 名崧泰

張翰泉夫子 名光藻

丁樂山夫子 名壽昌

張雷門夫子 名震

[illegible]

陳禹門夫子名兆熊

李仲宣夫子名廷瑞

受知師

張善之夫子諱餘慶

石襄臣夫子諱贊清

楊貽堂夫子諱式穀

龐寶生夫子諱鍾璐

賀雲甫夫子名壽慈

沈雲巢夫子名兆澐

艮峰夫子諱倭仁

芝生夫子諱瑞常

鄭筱山夫子名敦謹

唐根石夫子 名壬森
顧子清夫子 名雲臣
黄覲虞夫子 名自元
沈經笙夫子 名桂芬
東山夫子 名寶珣
温明叔夫子 名葆深
單地山夫子 名懋謙
華峰夫子 名魁齡
胡小蘧夫子 名家玉
毛煦初夫子 名昶熙
徐蔭軒夫子 名桐

庚午科鄉試中式第十七名
保和殿覆試一等第五名
甲戌科考取宗學教習
內　閣　中　書
會試中式第五十四名
保和殿覆試二等第六十二名
殿試二甲第六十名
朝考二等第六十四名
欽點主事籤分戶部

族繁不及備載
世居鎮海門外

會試硃卷光緒丙子　恩科

中式第五十四名貢士王用欽直隸天津府天津縣學優廩生民籍内閣中書

同考試官翰林院編修　國史館協修　功臣館纂修加三級黄　閲　薦

大總裁禮部左侍郎　上書房行走加三級黄　批　取

又　批　局緊機圓

大總裁吏部右侍郎委散秩大臣三等承恩公加三級祟　批　取

又　批　氣充詞沛

大總裁經筵講官刑部尚書加三級桑　批　取

又　批　筆歌墨舞

大總裁戸部尚書管理三庫事務總理各國事務大臣加三級董　批　中

又　批　體大思精

本房原薦批

第壹場

氣機蓬勃詞旨清腴次三暢所欲言詩秀雅

第貳場

藻采繽紛詞條豐蔚

第叁場

條對詳明議論博洽

聚奎堂原批

銖兩悉稱磨琢功深次三稱詩妥

康誥曰克明德大甲曰顧諟天之明命　王用欽

引書而由周溯商王之學已可見矣夫文之克明湯之顧諟固王者之學也康誥太甲之言不可先述乎且自聞知承道統文繼湯而接其傳湯先文而衍其緒於此見王猷之懋也卽於此徵聖學之隆蓋緝熙者顯謨之本在宮在廟默運全神懋昭者表正之原無形無聲倍嚴降鑒歷覩商周之閒兄勉弟臣贊君誥誡所遺想見兩朝之心法已大學首明德夫大人之學推之可以極天下近之先足教一家也不觀康誥大甲之言乎惠鮮懷保之謨亦足示型於後嗣然侈陳先烈何如黙證心源本敬止之淵衷時深淬厲

斯小心翼翼有基諸夙夜者矣智勇寬仁之蘊八經見美於臣工然詣造精純尤必功殫昧爽溯降衷之恆性隱與維持斯昭假遲遲有倍深欽奉者矣康誥何言乎蓋言文之德耳當日者分藩妹土舉穆考之精神願力示介弟以箴規故鄭重言之曰克明德覺單心有密不啻獨擅功能也則文之明德也有如此大甲何言乎亦言湯之德耳當日者密邇桐宮即烈祖之惕厲憂勤勉嗣王以則儆故極力形之曰顧諟天之明命覺陟降明威早已常懸心目也則湯之明德也又如此王道之隆也樹千古之儀型亦幾殫其瘁耳玉門演易之年功力稍疏德即鄰於晻昧葛伯始征之日神

明偶懈命亦忽諸渺茫乃矢肅雍而致其明本聖敬而深其顧積累固非一日矣無然畔援無然歆羡純一形爲光顯不邇聲色不殖貨利守典乃可承休彼夫照臨仰日月願望慰雲霓迹象之昭垂初何與身心之修省也哉聖量之宏也在後人之揚詡貴默會於微耳觀成會歌駿遹徒隆美譽何與修德之眞命官亦有嗚方莫贊一辭孰闡體天之學乃子述父而信其明臣稱君而知其顧指陳非有諛詞矣不聞亦式不諫亦入穆穆者如覲耿光無從匪彝無即慆淫慄慄者常懷永保至於六州歸而歌孔邇九圍式而頌日躋政績之發皇不益驗性功之懋勉也哉進觀帝典大學明

明德之旨益足徵矣○

施於有政是亦爲政　　王用欽

即所施以言政政不外是矣夫政不貺於孝友無不基於孝友也於是施即於是爲不可因書言而知爲政之旨乎且君子未與民物相親而雍睦之風敦於門內於此驗祗恭之效也即於此端化理之原蓋庭闈徵豫順舉而措之若無爲典冊寓微言反而求之皆有本地不外乎家庭密邇事不越乎日用倫常古人知王道本人情後人可悟家修即廷獻矣不然書云孝友亦第親親長長已耳謂是可以尹茲東郊謂是可以師保萬民謂是可以感神明而膺多福恐政在是政亦不止於是也乃繼言之曰施於有政此何

以故性情未底於和平雖爲政而政多阻阻則不足以言施祇此天懷之肫摯而何以盤匜奉養覩慼者相與傾心觴豆言歡聞風者自慙犯齒也則推暨爲甚神也倫理未臻於秩序雖爲政而政愈紛紛則不可以言有祇此倫紀之修明而何以溫凊無虧有親者繫懷毛裏本根是庇不悌者恥詠角弓也則感孚別有在也政於是施政於是爲矣安有孝友如是而猶不可爲政者乎吾嘗取君陳而繹之開誠布公之事分通塞不分精粗愛敬之忱本人生所固有誠使推行盡利斯大經大法舉不能越其範圍由己及物之端在性情不在迹象天親之屬爲斯世所同然當夫效法有人

則盡制盡倫已足以觀其全備審是政不賅於孝友無不基於孝友也謂之爲政不亦可乎是知政之始必有其肇端焉假令一室啟鬩陵之習則近者尚無以表率遠者更何所遵從此則家之雍和若是也登其堂而歡洽陔蘭行其庭而歌興常棣倫類同斯天性統智愚賢否不能自外經常古帝之隆也平章之治先以親睦者其即是也夫是知政之行必有由推暨焉假令天倫多涼薄之情則親者既有所睽乖疏者將何以化導茲則家之大順若是也念鞠育者謀承燕翼敦手足者誼篤鴒原寰區同此彝倫雖四海九州不能別爲風氣我周之興也官禮之垂始於雎麟者其謂是

也夫子必以爲政爲爲政則不失之阻卽失之紛矣吾所謂政不賅於孝友無不基於孝友者此也

惟義所在

王用欽

以義爲衡有神乎言行之用者焉夫義無在無不在也惟大人爲能得其所焉其於言行也不有運之以神者乎且天下精之可以入神者惟義義固萬事之宜也而樞機之發實主之言衷諸義而語默咸宜行制以義而措施悉當無滯境也無成心也蓋義在能妙言行之施亦義在能泯信果之迹爾然則大人之言不必信行不必果者非不信不果也不期信而自信不期果而自果也夫大人所以制此言行者果安在哉其見理也在能辨是非疑似極靈明之所照平日已無不審詳故當其與世周旋一準以自然之真

而依往咸宜今古應同遵矩矱其得善也在能從通變化裁極智力之所周泛應又無不曲當故及其與物晋接一協以當然之矩而不膠已見聖賢固獨有權衡所謂義也然而昧義者不知所在也昏愚其素質而遂以優柔寡斷身世惟任其浮沉言未合義信固非不信亦非也行不合義果固悔不果亦悔也此昧乎義者終違然而執義者亦不知所在也錮蔽其本懐而復以堅僻自持舉動欲矯乎流俗非義之信有言不若無言也非義之果立行終至敗行也此執乎義者義轉晦惟大人義在必辨言爲坊而行爲表不貽寸心冒昧之憂惟大人義在必從言有物而行有恆不泥

匹夫拘執之見謂義必貴乎守經則一言必信硜硜者轉流於固矣一行必果汲汲者反失之迂矣不必信果之非義也先有一必信必果之心言行間不皆爲滯境乎大人以通材化滯境而義在堅確貞其志而不移義在變通虛其懷而求當亦循乎義之當然者而已矣謂義必貴乎達權則言可不信慮詐者意皆虛矣行可不果因循者事皆廢矣不知信果之終歸義也祇搆一不信不果之境言行中何貴此成心乎大人以特識易成心而義在從同而地可歸一致義在立異彼此何慮紛歧亦率乎義之自然者而已矣此精義之學也

○○○○賦得南山曉翠若浮來 得來字五言八韻 王用欽

曉色清於洗南山入望纔浮將空翠活遠若送青來當戶分明見臨池掩映開紅翻朝旭認碧誤嶺雲猜帶雨濃如染迎風濕欲回嵐光迷洞壑佳氣擁樓臺地曠涵新靄波搖浸古苔燕公詩句在珥筆侍蓬萊

沈士鑅

字伯鈞號聲甫行一咸豐甲寅年十月二十七日吉時生係直隸天津府天津縣學附生民籍

始祖玉發 國學生自浙江湖州府德清縣遷居山東

高高祖世德

高高祖妣氏倪

高祖映魁 字金三 例贈登仕郎

高祖妣氏王 例贈孺人

氏尹 例贈孺人

從堂曾叔祖文舉

胞曾叔祖文賢 字蘊輝 例贈登仕郎 文斗 字雪樵 例贈登仕郎

嫡堂叔祖詔 字宣亭 川 訓

胞叔繼新 字晴嵐 例贈登仕郎 繼屯 例贈登仕郎

從堂叔伯國樑 字錫五 國輔 字筱亭 國瑞 字稚亭 國彥 字碩甫

嫡堂弟士鐸 字振齋 業儒

再從堂弟恩第 恩榜 恩甲

一

曾祖文成 字產章 例贈登仕郎由山東遷居直隸天津

曾祖妣氏張 例贈孺人

祖毓清 字鏡一 邑庠生 貤贈奉直大夫

祖妣氏宋 貤贈宜人

父繼勳 字體乾 誥贈奉直大夫

母氏陳 誥封武德騎尉諱義和公女國學生議敘六品銜名熹紹公胞妹國學生諱嘉緒國學生名嘉維公胞姊

慈侍下

娶劉氏 候選從九品名恩綸公女

繼娶王氏 從九品諱樹德公孫女國學生名慶成公女增貢生名慶泰公胞姪女

子

女

祖訓

庭訓

受業師謹以先後爲序

邢芝香夫子印家麟邑庠生

韓禮堂夫子印坊廩貢生

韓秋岩夫子印桂榮邑庠生

李霭亭夫子諱國祥郡增生乙亥恩科挑取謄錄

劉桂生夫子印錫九戊午科舉人湖南興甯縣知縣光緒丙子科湖南鄉試同考官

華祝萱夫子印金壽同治甲戌科傳臚翰林院編修光緒己卯科湖南鄉試正考官

課師

同

履歷

李少荃夫子 印 鴻章 丁未翰林現官太子太傅文華殿大學士直隸總督一等肅毅伯

地山夫子 印 崇厚 己酉舉人前兵部左侍郎三口通商大臣都察院左都御史

雲舫夫子 諱 恆慶 前長蘆鹽運使司鹽運使

雲峯夫子 印 恩福 前長蘆鹽運使司鹽運使現官盛京戶部侍郎

覺羅子中夫子 印 成孚 前長蘆鹽運使司鹽運使

陳子敬夫子 印 欽 壬子舉人前津海關道

周琳粟夫子 印 家勳 己酉舉人前天津河間兵備道

丁樂山夫子 印 壽昌 前天津河間兵備道現官直隸按察使司按察使

李捷峯夫子 印 文敏 壬子進士前天津府知府現官江西巡撫

張瀚泉夫子 印 光藻 丙辰進士前天津府知府

馬松圃夫子 印繩武 前天津府知府現官保定府知府

劉彥三夫子 印傑 前天津縣知縣

任石泉夫子 印爾會 前天津縣知縣

蕭廉甫夫子 印世本 癸亥進士前天津縣知縣陞任遵化直隸州知州

吳傅巖夫子 印士俊 癸巳進士前署湖南長沙府知府主講輔仁書院

邊桐君太夫子 印向榮 壬辰舉人主講輔仁書院

吳霖宇夫子 印惠元 甲辰翰林前甘肅甯夏兵備道主講輔仁書院

李鐵梅夫子 印嘉端 己丑翰林前安徽巡撫主講問津書院

祝爽亭夫子 諱塏 丁未進士前長蘆鹽運使司鹽運使

林綬卿夫子 印述訓 庚戌進士前長蘆鹽運使司鹽運使

冠九夫子 印 如山 戊戌進士詹事府贊善現官長蘆鹽運使司鹽運使

黎召民夫子 印 兆棠 丙辰進士前津海關道陞任直隸按察使司按察使現官船政大臣

鄭玉軒夫子 印 藻如 辛亥舉人現官津海關道

吳春帆夫子 印 贊誠 己酉拔貢前天津河間兵備道陞任福建巡撫

劉崑圃夫子 印 秉琳 壬子進士前天津河間兵備道

盛杏蓀夫子 印 宣懷 前署天津河間兵備道

惲小山夫子 印 桂孫 前署天津府知府

萬子和夫子 印 年豐 前署天津府知府

陳襄夔夫子 諱 錫麒 壬戌進士前天津府分府

何駿生夫子 印 崧泰 現官天津府分府

沈松亭夫子印丕泉現官長蘆鹽運分司

武升三夫子諱士選丙辰進士前署天津縣知縣

王樸臣夫子諱炳燮丙子進士前天津縣知縣

劉潤之夫子印亨霖前署天津縣知縣

郭少亭夫子印奇中現官天津縣知縣

受知師

夏子松夫子印同善丙辰翰林現官吏部右侍郎江蘇學政前順天學政

劉叔濤夫子印廷枚戊辰翰林現官詹事府右贊善

潘伯寅夫子印祖蔭壬子探花現官刑部尚書

童薇研夫子印華戊戌翰林現官都察院左都御史兼管順天府尹

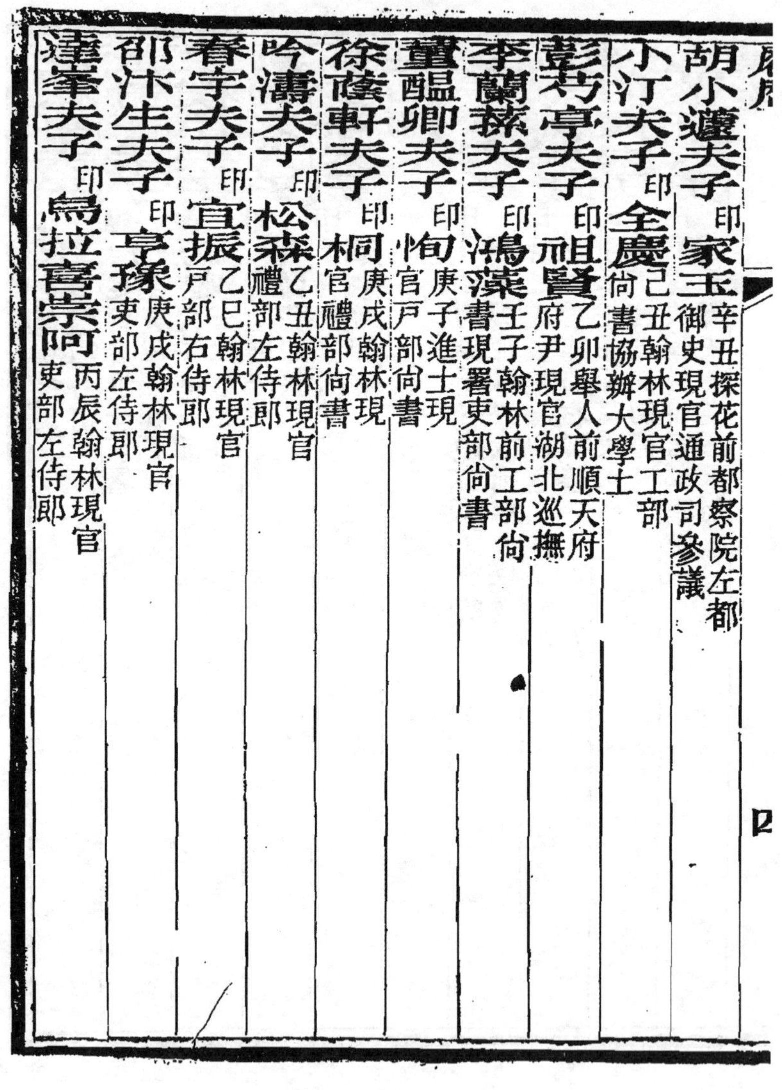

房師

胡小蘧夫子 印 家玉 辛丑探花前都察院左都御史現官通政司參議

小汀夫子 印 全慶 己丑翰林現官工部尚書協辦大學士

彭芍亭夫子 印 祖賢 乙卯舉人前順天府府尹現官湖北巡撫

李蘭蓀夫子 印 鴻藻 壬子翰林前工部尚書現署吏部尚書

董醖卿夫子 印 恂 庚子進士現官戶部尚書

徐蔭軒夫子 印 桐 庚戌翰林現官禮部尚書

吟濤夫子 印 松森 乙丑翰林現官禮部左侍郎

春宇夫子 印 宜振 乙巳翰林現官戶部右侍郎

邵汴生夫子 印 亨豫 庚戌翰林現官吏部左侍郎

達峯夫子 印 烏拉喜崇阿 丙辰翰林現官吏部左侍郎

席卿夫子 印錫珍 戊辰翰林現官刑部右侍郎

殷譜經夫子 印兆鏞 庚子翰林現官禮部左侍郎

孫子綬夫子 印詒經 庚申翰林現官工部左侍郎

鄭林夫子 印桂昂 壬戌翰林現官內閣學士兼禮部侍郎銜

王夔石夫子 印文韶 壬子進士現官戶部左侍郎

祁子和夫子 印世長 庚申翰林現官禮部右侍郎

錢湘吟夫子 印寶廉 庚戌翰林現官刑部左侍郎

夏伯音夫子 印家鎬 壬子進士現官宗人府府丞

宗室星齋夫子 印奎潤 癸亥翰林現官兵部左侍郎

佩蘅夫子 印寶鋆 戊戌進士 武英殿大學士

癸酉科鄉試中式第三百十六名

會試中式第三百七十一名

保和殿覆試

欽定一等第三十四名

殿試二甲第三十八名

朝考一等第三十五名

欽點翰林院庶吉士

族繁祇載本支

世居天津鎮海門外河東

王

嚴修

字夢扶號範孫行[illegible]酉
年三月十二日吉[illegible]天
津府天津縣府學廩膳生民籍

始祖諱應魁字允恭例贈承務郎
始祖妣氏董安人例贈
二世祖諱鐸原名士珂字時遇例贈
登仕郎自浙江甯波府慈谿縣始遷津邑
二世祖妣氏馮孺人例贈
氏孟孺人例贈

二世胞叔祖士琦
士瑛
嫡堂太高叔祖宏緒
從堂高伯祖茂華
從堂高叔祖茂芝
族高伯祖錦

氏劉 例贈孺人

太高祖諱宏基 字纘亭 例贈登仕郎

太高祖妣氏杜 例贈孺人

氏陳 例贈孺人

高祖諱茂蘭 字蕙友 誥贈武翼都尉

高祖妣氏金 誥贈淑人

曾祖諱汝漢 字伯軒 誥贈武翼都尉 晉贈榮祿大夫三品銜刑部郎中加四級

胞曾叔祖坤坦 字治平

再從堂曾叔祖汝恩 字捷三 例封登仕郎

汝敬 字敷五

族曾叔祖居敬 字簡廷 例贈修職郎

嫡堂叔祖家駿 字蓉江 國學生 候選典史 軍功 欽加六品銜 敕授承德郎 誥封奉直大夫

家善 字金臺 候選典史 敕授登仕郎

再從堂叔祖家祥

家祺 字竹溪 國學生

曾祖妣氏武 誥贈淑人 晉贈一品

夫人國學生 敕封徵仕郎諱錫烝公女國學生 敕授修職郎諱灝公國學生 敕贈登仕郎諱源公胞姊邑庠生候選訓導諱裕昆公邑庠生 誥封奉政大夫諱雲章公武庠生 誥封昭武都尉諱雲龍公儘先副將 賞戴花翎前署江蘇福山鎮總兵名鵬雲公姊 敕贈登仕郎諱樹棠公 貤贈登仕佐郎諱樹春公 敕贈登仕郎諱樹茂公國學生名樹成公胞姑

家徵

族伯祖紹聞字東泉議敘七品銜 敕授宣德郎

從堂叔克明字峻堂國學生考取內閣供事候選府經歷

再從堂叔克勤幼

族叔克誠字輔臣國學生候選從九品

胞兄振字香孫附貢生刑部湖廣司學習郎中 欽加三品銜

再從堂弟葆元幼

葆訓幼

葆昌幼

母歲貢生候選訓導諱鳳翙公廪貢生光祿寺署正銜現任安州鄉學訓導名承謙公辛亥恩科舉人壬戌科大挑二等現任昌黎縣訓導名承厚公候選衛千總諱承恩公六品銜前山西靈石縣仁義鎮巡檢誥封資政大夫名承敬公廪膳生名兆熊公姑母貤贈登仕佐郎諱德滋公議敘從九品名德潤公國學生名恩銘公候選未入流名德深公議敘從九品名德溥公國學生名德蔭公胞祖姑母甲戌科進士

葆銘 幼

族弟鎧 幼讀

胞姑母三 長適同邑候選守禦所千總三品封典宋公諱時蔚次子候選都司賞戴花翎名沛田公

次適同邑國學生候選從九品誥封朝議大夫沈公諱至言第三子國學生賞加六品銜名鎰恩公

三適同邑五品銜候選州同董公名長治第三子候選從九品名士俊公

胞姊一 未字殤

鹽運司銜河南補用知府名登第公優貢生名登儁公

祖姑母

祖 諱道尊字師範 誥贈中議大夫 晉贈榮祿大夫三品銜刑部郎中加四級 貤封儒林郎翰林院庶吉士加一級

祖妣氏王 誥封淑人晉封一品夫人旌表節孝奉 旨入祠國學生諱淑文公孫女歲貢生候選訓導諱淑霖公姪孫女候選直隸州州同諱宜民公女欽加道銜湖北漢陽

胞妹一 適同邑五品銜候選鹽大使 國史館謄錄華公名承烈長子邑庠生名世珍

娶李氏 誥封奉直大夫諱渤公元孫女 貤封奉直大夫 誥贈中議大夫 賞戴花翎諱樹棨公曾孫女 貤贈奉直大夫諱樹基公 貤封文林郎諱樹馨公廪貢生原署稾城縣訓導嘉慶庚申恩科舉人考取實錄館校錄選授河南新鄭縣知縣歷任四川屏山銅梁等縣知縣道光辛巳恩科四川鄉試同考官諱長清公嫡堂姪曾孫女附貢生 貤贈武略騎尉諱樹華公歲貢生候選訓導諱長棻公堂姪曾孫女 覃恩誥封朝議大夫 貤封中議大夫 賞戴花翎諱嘉緒公孫女 誥授武德騎尉 晉贈武翼都尉諱嘉紱公 誥授昭武都尉 覃恩貤封朝議大夫諱嘉紹公 誥授武翼都尉誥贈中議大夫 賞戴花翎諱嘉綬公姪孫女候選守禦所千總諱嘉言公候選營千

三

府知府諱潤田公姪女邑庠生名慶公胞姊乙卯科舉人內閣中書湖北候補同知名毓芑公堂妹　欽加五品銜賞戴藍翎候選都司名維垣公從九品名壽山公堂姊郡庠生諱蘭藻公堂姑母

本生祖諱家瑞字字香　誥授武德佐騎尉　誥封武翼都尉　貤贈榮祿大夫三品銜刑部郎中加四級

本生祖妣氏陳　誥封宜人　晉封

總諱嘉謨公附貢生原任安徽宿州州判歷署定遠靈璧等縣知縣諱葆謙公候選都司　誥封武功將軍諱嘉善公原任廣西羅城縣縣丞兼署羅城縣知縣諱光籙公湖北候補縣丞諱柏年公郡庠生諱光謙公藍翎同知銜前甘肅遇缺儘先即補知縣署甯朔縣知縣名慶陽公原任廣東曲江縣典史諱光恩公嫡堂姪孫女候選從九品　誥贈武德騎尉諱藻公新疆軍功六品銜諱晉公郡增生諱中孚公太學生道光壬午考取　恩職候選主簿諱益謙公廩膳生諱觀公從九品諱豐公候選從九品名蒼公堂姪孫女廩膳生咸豐乙卯科舉人壬戌會試大挑二等揀選知縣准防出力　欽加五品銜　賞戴花翎名秉璋公女五品銜布政司理問名奉璋公胞姪女附貢生鹽運使司運同　賞戴花翎名運昌公本生胞姪女候選布政司理問三品封銜　敕封文林郎諱燿璋公太學生

淑人 貤贈一品夫人
乾隆庚辰 恩科舉人
諱禮公曾孫女候選縣
丞 諱世謨公孫女例
贈登仕郎諱安城公女
敕授承德郎名仰曾
公 敕授宣德郎名法
曾公 敕封宣德郎 諱
學曾公
嫡堂姊

父 諱克寬字仁波候選員
外郎 誥授奉
直大夫 誥封榮祿大
夫三品銜刑部郎中加
四級 敕封儒林郎翰
林院庶吉士加一級
母氏陳 贈 誥封宜人 誥
贈一品夫人乾隆

諱玉璋公國學生名錫璋公嫡堂姪女太學
生 敕授武德騎尉 諱伯抑公守禦所千總
誥封武功將軍名仲誠公邑庠生諱兆蓉
公附貢生五品銜候選巡檢名仲平公郡庠
生丙子科挑取謄錄 諱國祥公歲貢生候選
訓導名叔泰公 貤封武德騎尉名淑銘公
守禦所千總名湯銘公 諱漢銘公堂姪女從
九品名春信嫡堂姊廩膳生光緒乙亥 恩
科舉人丁丑科考取謄錄充補 國史館謄
錄議敘知縣名春棣附貢生候選同知名春
穠廩膳生名春澤堂妹議敘從九品名潤田
候選都司名明良名緝熙邑庠生名鍾俊從
堂妹守禦所千總
名應熊堂姑母

子崇智 錫智

女

庚辰恩科舉人諱禮
公元孫女國學生諱世
範公曾孫女候選通判
諱德城公孫女候選州
吏目諱耀會公胞姪女
候選典史諱顯會公女
國學生名家珠公嫡堂
姊敎授登仕郎諱邦
珠公國學生名
廷珠公胞姊
誥封宜人　誥
氏王贈一品夫人乾隆
己卯科舉人己丑科進
士兵部職方司主事
國史館纂修吏部員外
郎歷任山東登州兗州
等府知府貴州思南府
知府江西饒州府知府

升任雲南迤東道署理
雲南布政使司布政使
誥封榮祿大夫　晉
封光祿大夫諱祿朋公
孫女增廣生嘉慶庚午
科塍錄　誥封奉直大
夫　晉封中憲大夫諱
臣鵠公女候選知縣
誥封奉直大夫　貤封
中憲大夫諱守謙公候
選從九品　誥封奉直
大夫　貤封中憲大夫
諱同謙公候選從九品
名鳴謙公胞妹候選從
九品名如玉公國學生
名兆棠公嫡堂妹附貢
生鹽提舉銜河南候補
通判名鴻鶱邑庠生名

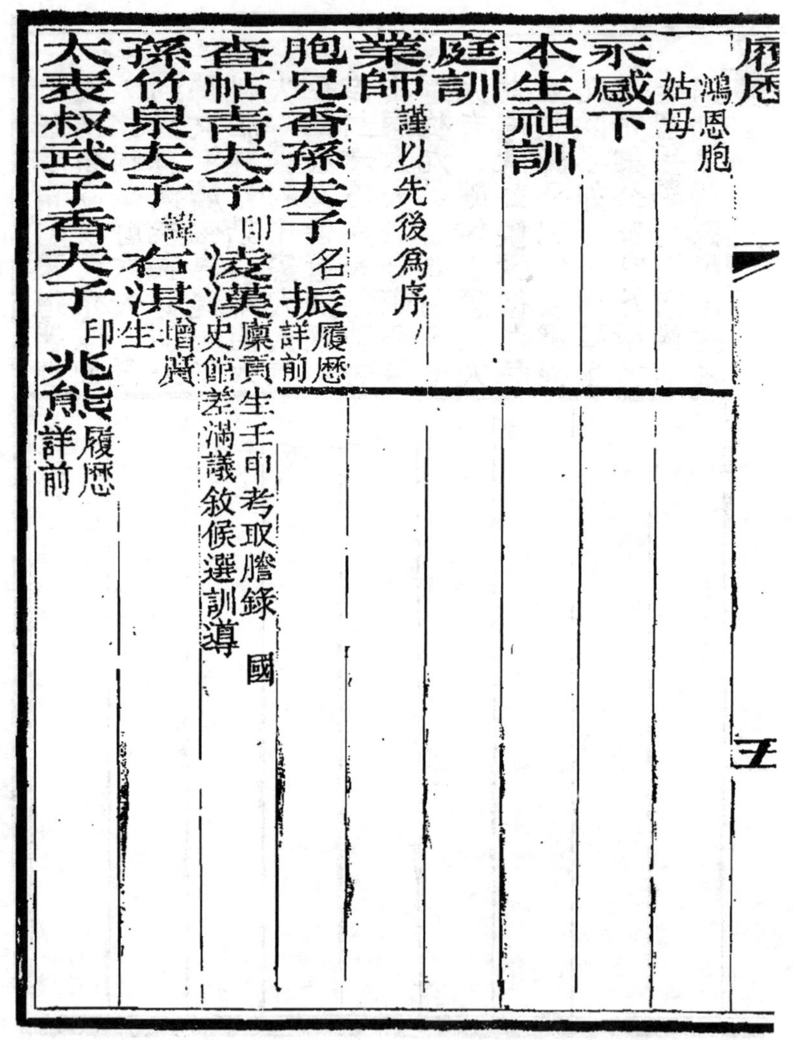
履歷
鴻恩胞
姑母
承威下
本生祖訓
庭訓
業師謹以先後爲序
胞兄香孫夫子名振履歷詳前
查帖青夫子印浚漢廩貢生壬申考取謄録國史館差滿議敘候選訓導
孫竹泉夫子諱右淇生增廣
太表叔武子香夫子印兆熊履歷詳前

周錦江夫子 印灝 附貢生候選訓導

沈體乾夫子 諱繼勤 國學生 敕封儒林郎

于鑄菴夫子 諱士祜 乙卯科副貢生候選教諭著有南有吟亭詩鈔待刊

張子筠夫子 印紳 壬戌恩科舉人辛未會試大挑二等候選教諭

課師

林杏農夫子 印驋元 甲子科舉人軍功候選知縣

陳挹爽夫子 印塏 辛酉科舉人壬戌考取宗學漢教習傳補左翼宗學期滿候選知縣

外舅李筱林夫子 印秉璋 履歷詳前

陳襄夔夫子 諱錫麒 壬戌科進士 欽加運同銜 賞戴花翎原任天津府河防分府

屆

楊杏吟夫子　印光儀　壬子科舉人揀選知縣現主講輔仁書院著有碧琅玕館詩鈔行世

王芷庭夫子　諱蘭昇　庚午科山東解元甲戌科進士原任翰林院編修

冠九夫子　印如山　戊戌科翰林現任長蘆鹽運使司鹽運使

蕭廉甫夫子　印世本　癸亥恩科進士翰林院庶吉士前任天津縣知縣

肄業師

穀春夫子　印縉興　戊子謄錄天津府學教授

劉鹿苹夫子　印賓　歲貢生天津府學復設訓導

吳霖宇夫子　諱惠元　甲辰科進士翰林院編修原任甘肅寧夏道雲南鹽法道前主講輔仁書院

沈雲巢夫子　諡文和　嘉慶庚午科舉人丁丑科進士翰林院編修原任浙江布政使司布政使同治庚午科重宴鹿鳴

欽加頭品頂戴前
主講輔仁書院
辛燕田夫子　諱家彥　甲戌科進士翰林院編修　國史館協修前主講輔仁書院
王雲舫夫子　印文錦　辛未科進士翰林院編修前主講輔仁書院
張幼樵夫子　印佩綸　辛未科翰林現任翰林院侍講學士前主講問津書院本科知貢舉　殿試讀卷大臣　朝考閱卷大臣
崔惠人夫子　印國因　辛未科進士翰林院編修
曹仲銘夫子　印鴻勛　丙子　恩科進士翰林院修撰
錢修伯夫子　印敏　前任天津縣知縣
任石泉夫子　印爾會　前署理天津縣知縣
宋澄川夫子　諱淵涇　前署理天津縣知縣

履歷

武升三夫子 諱士選 乙卯科山西解元丙辰科聯捷進士欽加運同銜前署理天津縣知縣

王樸臣夫子 諱炳燮 丙子恩科進士前署理天津縣知縣

劉潤之夫子 印亨霖 前任天津縣知縣

張戟門夫子 印振棨 前署理天津縣知縣

何劍秋夫子 印承緒 丁丑科進士前署理天津縣知縣

郭紹庭夫子 印奇中 前任天津縣知縣現任蔚州知州

朱允卿夫子 印乃恭 戊辰科進士現任天津縣知縣

吳曉蒼夫子 印中彥 前任天津河防分府

程質齋夫子 印韙 現任天津河防分府

馬松圃夫子 印 繩武 前任天津府知府升任保定府知府

惲後山夫子 印 桂孫 前署理天津府知府

萬子和夫子 印 年豐 前署理天津府知府

吳質甫夫子 印 汝綸 乙丑科進士現任冀州直隸州知州前署理天津府知府

于望夫子 印 宜霖 現任天津府知府

丁樂山夫子 諱 壽昌 布政使銜 欽賜西林巴圖魯前任天津河間兵備道署理津海關道升任直隸按察使司按察使

玉如夫子 印 額勒精額 戊辰科繙繹進士現任長蘆鹽運使司鹽運使前天津河間兵備道

吳春帆夫子 印 贊誠 己酉拔貢前任天津河間兵備道

劉景圃夫子 印 秉琳 壬子 恩科進士前任天津河間兵備道

[illegible]

吳香畹夫子諱毓蘭前任天津河間兵備道

陳子敬夫子印欽壬子科舉人前任津海關道

黎召民夫子印兆棠丙辰科進士三品卿銜現任福建船政大臣前任津海關道

鄭玉軒夫子印藻如辛亥恩科舉人前任津海關道

周玉山夫子印馥現任津海關道

年伯李少荃夫子印鴻章丁未科翰林前文華殿大學士直隸總督

年伯張振軒夫子印樹聲現任兩廣總督署直隸總督

受知師

夏子松夫子諱同善丙辰科翰林原任吏部左侍郎前提督順天學政

錢湘吟夫子諱寶廉庚戌科翰林原任刑部左侍郎前提督順天學政

何地山夫子諱廷謙乙巳恩科翰林原任工部左侍郎前提督順天學政

祁子禾夫子印世長庚申恩科翰林現任吏部右侍郎提督浙江學政前順天學政

程午坡夫子印夔丁丑科翰林壬午科鄉試同考官

徐蔭軒夫子印桐同庚戌科翰林現任禮部尚書壬午科鄉試大主考本科會試大總裁朝考閱卷大臣

畢東河夫子印道遠辛丑科翰林現任都察院左都御史壬午科鄉試大主考

達峰夫子印烏拉喜崇阿丙辰科進士現任都察院左都御史壬午科鄉試大主考本科覆試朝考閱卷大臣

孫燮臣夫子印家鼐己未科狀元現任戶部右侍郎壬午科鄉試大主考

宗室睦莽夫子印崙綸王聯癸丑科進士現任兵部尚書壬午科鄉試覆試閱卷大臣本科會試大總裁

房

潘伯寅夫子 印 祖蔭 壬子科探花前刑部尚書壬午科鄉試覆試閱卷大臣

芝蓀夫子 印 麟書 癸丑科進士現任工部尚書壬午科鄉試覆試閱卷大臣

年伯邵汴生夫子 諱 亨豫 庚戌科翰林原任吏部左侍郎壬午科鄉試覆試閱卷大臣

席卿夫子 印 錫珍 戊辰科翰林現任吏部右侍郎壬午科鄉試覆試閱卷大臣本科覆試閱卷大臣 殿試讀卷大臣

王夔石夫子 印 文韶 壬子科進士前戶部左侍郎壬午科鄉試覆試閱卷大臣

薛雲階夫子 印 允升 丙辰科進士現任刑部左侍郎壬午科鄉試覆試閱卷大臣本科覆試閱卷大臣 朝考閱卷大臣

周小棠夫子 印 家楣 己未科進士現任順天府府尹壬午科鄉試監臨覆試閱卷大臣本科覆試閱卷大臣 殿試讀卷大臣

朝考閱卷大臣

尹朗若夫子 印 琳基 癸亥科進士翰林院編修本科會試同考官

張子青夫子印之萬丁未科狀元現任刑部尚書本科會試大總裁

塢橋夫子印貴恒辛未科翰林現任刑部右侍郎本科會試大總裁　殿試讀卷大臣

鄧鐵香夫子印承修辛酉科舉人現任户科給事中本科會試内監試

李蘭孫夫子印鴻藻壬子恩科翰林現任吏部尚書協辦大學士本科覆試閱卷大臣　殿試讀卷大臣　朝考閱卷大臣

翁叔平夫子印同龢丙辰科狀元現任工部尚書本科覆試閱卷大臣教習庶吉士

宗室小峰夫子印崑岡壬戌科翰林現任户部左侍郎本科覆試閱卷大臣　朝考閱卷大臣

宗室星齋夫子印奎潤癸亥恩科翰林現任吏部左侍郎本科覆試閱卷大臣　殿試讀卷大臣

許筠庵夫子印應騤庚戌科翰林現任户部左侍郎本科覆試閱卷大臣　朝考閱卷大臣

犢山夫子印嵩申戊辰科翰林現任禮部右侍郎本科覆試閱卷大臣　殿試讀卷大臣　朝考閱卷大臣

房

陳荔秋夫子 印 蘭彬 癸丑科翰林現任都察院左副都御史本科覆試閱卷大臣

許星叔夫子 印 庚身 壬戌科進士現任刑部右侍郎本科覆試閱卷大臣

周生霖夫子 印 德潤 壬戌科翰林現任內閣學士兼禮部侍郎銜本科殿試讀卷大臣朝考閱卷大臣

張子騰夫子 印 家驤 壬戌科翰林現任內閣學士兼禮部侍郎銜本科殿試讀卷大臣朝考閱卷大臣

宗室箴亭夫子 印 福錕 己未科翰林現任戶部右侍郎本科會試知貢舉朝考閱卷大臣

鄭芝巖夫子 印 藹齡 戊辰科進士翰林院編修本科教習庶吉士

原空白頁

履歷

鄉試中式第一百九十一名

保和殿覆試

欽定一等第十六名

會試中式第三名

保和殿覆試

欽定二等第七十一名

殿試二甲第十一名

朝考一等第十名

欽點翰林院庶吉士

族繁祇載本支

世居帶河門外

欽命四書詩題

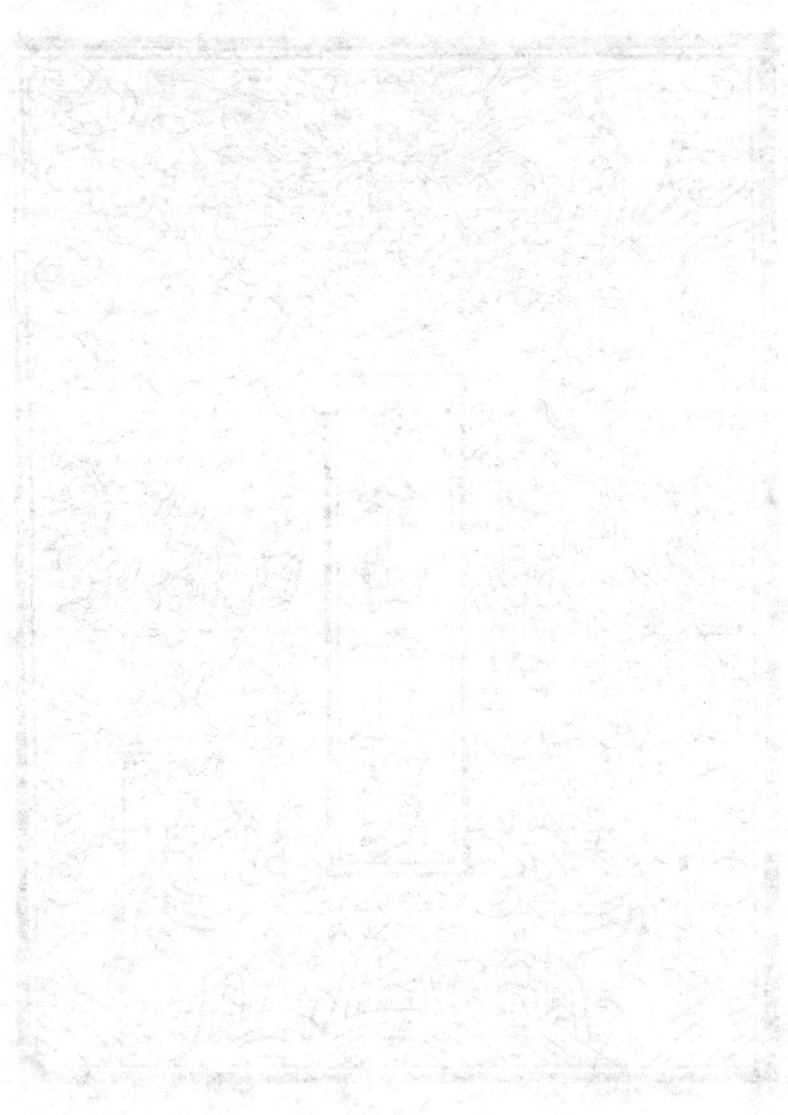

曹寶瀛

遷津始祖貢字野公順天密雲縣武庠生　誥封昭武都尉原籍江蘇揚州府泰州先世於前明洪武十五年由羽林左衛指揮調山東青州都司永樂五年授北京後軍同知都督後遂入籍順天公自康熙二十七年移居津邑

始祖妣氏王　誥封恭人

太高高祖世鐸字振姬京衛武庠生都司銜候選守禦所千總　誥授昭武都尉

字鎮東號星槎一號淩舫行一咸豐壬子年正月二十三日吉時生直隸天津府天津縣府學拔貢生民籍　欽加五品銜工部七品小京官題陞額外主事

太高高伯叔祖世燿　熙國學生軍功授河南衛輝府通判升衛輝府開封府知府崇祀衛輝名宦祠　世榮　烱　焜大興歲貢生正定高邑等縣教諭廣平府教授河南遂平縣知縣　煒廩膳生　世煌

太高高胞叔祖世永字清遠邑庠生

高高伯叔祖堂　天予　雲言歲貢育生　雲縉　雲昇通州廩生　雍正丙午科舉人乾隆丁巳恩科進士湖南安仁縣保靖縣知縣丁卯湖南鄉試同考官著有碧梧堂詩集課蟄養正彙編　雲鳳

高高胞伯祖生顯字若愚邑庠生

太高高祖妣氏劉 誥封恭人

高高祖生敏 字鈍菴 邑庠生 貤封中憲大夫

高高祖妣氏馮 貤封恭人

高祖伯蘇 字又彬 敕封宣德郎

高祖妣氏李 敕封安人

曾祖宗發 字憲文 國學生 候選州同 敕授宣德郎

曾祖妣氏李 敕封安人

祖德林 字有壬 敕封登仕郎 貤封奉直大夫工部營膳司兼屯田司七品小京官加三

高伯叔祖銓 作鈍 作銘 作鋕 作鏋 衛鋐 國學生山西庫大使 驥隆 國學生 召南 邑庠生乾隆甲午科舉人山西試用知縣借補庫大使 景紱 邑庠生著有奇字備覽 文洞 候選縣丞 文燧 候選吏目 文炳 候選縣丞 文偉 文煊 廩貢生候選訓導 文寬 庠生

高胞伯祖伯雲 字錦雯國學生誥封中憲大夫 伯祥 字志謙

曾伯叔祖求儀 佐 求誠 求信 求純 求伸

泳 邑廩生嘉慶甲子科舉人 浚 濂 鴻 江 邑庠生 淮 國學生 漢 邑廩膳生 溶 淦 增 墉 均 坤 埈 坊

曾嫡堂伯叔祖宗䘏 國學生議敘廣西鎮安府知事軍功保陞思恩府督捕通判欽加知府銜誥授中憲大夫 宗召

曾胞伯祖宗建 字提章國學生 宗周 敕封修職郎

級晉封朝議大夫五
品銜翰林院庶吉士加
一級
祖妣氏劉敕封孺人貤封宜人晉
封恭人同邑增廣生諱
永清公女候選府經歷
諱玉焜公國學生諱塈
坊公國學生諱金治公
胞妹從九品諱福亨公
國學生諱恩照公胞姊
道光辛巳恩科副榜
癸未考取教習候選知
縣諱龍光公原任河間
府學訓導諱金甌公堂
姊候選守禦所千總
賞戴藍翎諱毓樹公光
祿寺署正名葆書公現
署浙江海甯縣典史名
夢弼公壬午科同榜舉
人名夢元公堂姑母甲

伯叔祖用楷　用棻乾隆癸卯科舉人陝西澄城縣知縣甘肅狄道州知州慶陽府知府
賞戴花翎　用楫　用梓　用彬　用梅廩膳生　用和
用采　用森　用賓國學生　用果　用斌　用栢
用燊增廣生甲辰鄉試挑取謄錄議敘通判著有聽潮吟詩集　茂林　應龍
應庚　太然國學生　國清國學生　瑞能庠生
嫡堂伯祖德培字立達國學生　德滋　德齡　德新字靜之國學生
議敘鹽經歷誥授修職郎
胞叔祖德燃字蓺齋
伯叔錫圭　錫瓊　錫扆　錫經　錫爵廩貢生　錫珍
汝珂　汝璋候選從九品　汝琮
從堂伯叔蔭紱字佩卿候選吏目　蔭棠字菱洲國學生　蔭華　蔭棣

譜系　二

寅教習癸酉科舉人歷署通州學正清苑邯鄲望都等縣教諭名長容廣東候補鹽大使名長忠候選布政司經歷名長齡祖姑母

父蔭桐字位三國學生候選從九品敕授登仕郎誥封奉直大夫工部營繕司兼屯田司七品小京官加三級晉封朝議大夫五品銜翰林院庶吉士加一級

母氏劉敕封孺人誥封宜人晉封恭人同邑誥封宣武都尉國學生候選州判諱春和公女誥封武德騎尉諱太和公胞姪女武庠生諱凱第公胞妹軍功儘先郎補守備

蔭桂　蔭綬國學生議敘巡檢　蔭緯　蔭組　蔭章

胞叔蔭榕字吉軒

兄弟毓麟國學生　毓淇　毓藻　毓廉　毓齡　毓芳

爾祿　爾昌　爾成　爾重

堂兄弟甯楨國學生　甯幹　甯儒　甯昌

胞弟甯升字華階號星階邑庠生著有行素齋文存頌平詩賦草待刊積學早世欽旌割股孝行事載邑志

姪光勳　光奎　光蔚　光元

堂姪澍錄承業儒　澍田　澍恩俱幼讀

娶陳氏同邑增廣生諱國松字潤枝公曾孫女邑庠生諱鼎元字位端公孫女國學生諱長仁字心伯公女從九品名仲仁公胞姪女邑庠生名瑞藻國學生名振藻軍功六品頂戴名鑑藻胞妹國

賞戴花翎名榮第公候選吏目諱世第公胞姊武庠生諱甲第公武庠生諱開第公嘉慶已卯武舉人武清縣千總諱元第公國學生諱魁第公武庠生諱連第公武庠生諱鼎第公嫡堂妹嘉慶庚午科舉人道光壬辰科進士歷任四川隆昌鄰水汶川等縣知縣諱光第公國學生諱慶有公從堂妹武童名汝湘名汝梅名汝楠胞姑母武庠生名汝霖名汝漢嫡堂姑母候選從九品名兆庚邑庠生名汝彥軍功保陞知縣四川成都大竹等縣縣丞稚州府經歷酉陽州州判名汝溎四川候補縣丞名汝楫堂姑母國學學生名雲藻嫡堂妹

子

女一

三

履歷

生名承祖前署四川合州知州現任大足縣知縣名寶蔭四川候補典史署松番廳照磨名棻現任四川東鄉縣典史名恩耀國學生名式金邑庠生名嘉

綬祖姑母

慈侍下

庭訓

受業師謹以先後爲序

太姻伯李夫子諱中孚邑增廣生

表兄劉蓬仙夫子諱汝彥邑庠生

王小泉夫子諱晏濤邑廪膳生

侯近仁夫子名元善邑增廣生辛酉鄉試挑取謄錄國史館議敘候選州判

三

楊香吟夫子 名光儀 壬子舉人選授東光縣教諭 著有碧琅玕舘詩鈔付梓

李菱舟夫子 名耀奎 辛亥舉人壬戌考取內閣中書歷任侍讀現任戶部雲南司郎中 欽加四品銜軍機處行走

肄業師

龐琴舫夫子 諱兆綸 庚子翰林原任倉場侍郎主講問津書院

程容伯夫子 名恭壽 己亥舉人前任光祿寺少卿主講問津書院

王筠軒夫子 諱繼庭 庚戌進士原任山東兗州府知府主講問津書院

李鐵梅夫子 諱嘉端 癸巳翰林原任安徽巡撫主講問津書院

吳傳巖夫子 諱士俊 癸丑進士原任湖南長沙府知府主講輔仁書院

吳霖宇夫子 諱惠元 甲辰翰林原任雲南清軍鹽法道主講輔仁書院

楊竹友夫子 諱榮熙 己未進士原任天津府儒學教授

劉鹿苹夫子 名寶 歲貢生天津府儒學訓導

劉彥三夫子　名傑　前任天津縣知縣

徐繼賢夫子　名本衡　前任天津縣知縣

蕭廉甫夫子　名世本　癸亥翰林前任天津縣知縣

何駿生夫子　名裕泰　癸丑進士前任天津府河防分府

李鐵帆夫子　名孟平　前任天津府河防分府

李捷峰夫子　名文敏　壬子進士前任天津府知府

張翰泉夫子　名光藻　丙辰進士前任天津府知府

馬松圃夫子　諱繩武　原任天津府知府

周琳亞夫子　名家勳　己酉舉人前任天津河間兵備道

丁樂山夫子　諱壽昌　布政使銜西林巴圖魯原任天津河間兵備道升任直隸按察使司按察使・賜建專祠

陳子敬夫子　名欽　壬子舉人前任津海關道

華亭夫子 諱克明 甲辰翰林原任長蘆鹽運使司鹽運使

雲舫夫子 諱恒慶 原任長蘆鹽運使司鹽運使

覺羅子鶴夫子 名成孚 前任長蘆鹽運使司鹽運使 現任河南布政使司布政使

受知師

雲峰夫子 名恩福 前任天津府知府 現任熱河都統

龐寶生夫子 諱鍾璐 丁未探花原任都察院左都御史順天學政

賀雲甫夫子 名壽慈 辛丑進士前任工部尙書順天學政拔貢朝考覆試閱卷大臣

夏子松夫子 諱同善 丙辰翰林原任吏部左侍郎順天學政

年伯李少荃夫子 名鴻章 丁未翰林前文華殿大學士直隸總督一等肅毅伯

佩蘅夫子 名寶鋆 戊戌進士武英殿大學士總理吏部翰林院掌院學士拔貢朝考閱卷大臣

徐蔭軒夫子 名桐 庚戌翰林禮部尙書翰林院掌院學士拔貢朝考閱卷大臣壬午鄉試大主考本科會試大總裁朝考閱卷大臣

殷譜經夫子名兆鏞庚子翰林前任吏部右侍郎上書房行走拔貢朝考閱卷大臣

黃恕皆夫子名倬庚子翰林前任禮部左侍郎上書房行走拔貢朝考閱卷大臣

黃孝侯夫子諱鈺癸丑傳臚原任刑部左侍郎南書房行走拔貢朝考閱卷大臣

李蘭孫夫子名鴻藻壬子翰林協辦大學士吏部尚書拔貢朝考覆試閱卷大臣本科覆試閱卷殿試讀卷朝考閱卷大臣

宗室薌生夫子名靈桂戊戌傳臚體仁閣大學士拔貢朝考覆試閱卷大臣

毛旭初夫子諱昶熙乙巳翰林原任吏部尚書拔貢朝考覆試閱卷大臣

萬藕舲夫子諱青藜庚子翰林原任吏部尚書拔貢朝考覆試閱卷大臣

太年伯桑百儕夫子諱春榮壬辰翰林原任刑部尚書拔貢朝考覆試閱卷大臣

董韞卿夫子名恂庚子進士前戶部尚書拔貢朝考覆試閱卷大臣

溫明叔夫子名葆深壬午翰林前戶部右侍郎拔貢朝考覆試閱卷大臣

李嶧夫子諱魁齡壬子進士原任工部尚書拔貢朝考覆試閱卷六臣

文山夫子名崇綺乙丑狀元前任戶部右侍郎現任盛京將軍拔貢朝考覆試閱卷大臣

秋泉夫子名紹祺丙辰翰林前任刑部右侍郎現任泰甯鎮總兵兼管內務府大臣拔貢朝考覆試閱卷大臣

龔叔雨夫子諱自閎甲辰翰林原任內閣學士兼禮部侍郎銜拔貢朝考覆試閱卷大臣

邵子常夫子名曰濂戊辰翰林內閣侍讀學士己卯鄉試同考官

廣燮臣夫子名秉政乙丑進士刑部奉天司員外郎總辦秋審處壬午鄉試同考官

達峰夫子名烏拉喜崇阿丙辰進士都察院左都御史壬午鄉試大主考本科覆試閱卷朝考閱卷大臣

畢東河夫子名道遠辛丑翰林都察院左都御史兼管順天府府尹事務壬午鄉試大主考

孫燮臣夫子名家鼐己未狀元毓慶宮行走工部左侍郎壬午鄉試大主考

犢山夫子名嵩申戊辰翰林禮部右侍郎壬午鄉試監臨本科覆試閱卷殿試讀卷朝考閱卷大臣

周筱棠夫子名家楣己未翰林順天府府尹壬午鄉試監臨覆試閱卷大臣本科覆試閱卷殿試讀卷朝考閱卷大臣

宗室睦弇夫子名瑞聯癸丑翰林兵部尚書壬午鄉試覆試閱卷大臣本科大總裁教習庶吉士

潘伯寅夫子 名祖蔭壬子探花前刑部尚書壬午鄉試覆試閱卷大臣

宗室芝舜夫子 名麟書癸丑進士工部尚書壬午鄉試覆試閱卷大臣

年伯邵汴生夫子 諱亨豫庚戌翰林原任吏部左侍郎壬午鄉試覆試閱卷大臣

席卿夫子 名錫珍戊辰翰林吏部右侍郎壬午鄉試覆試閱卷大臣本科覆試閱卷 殿試讀卷大臣

王夔石夫子 名文韶壬子進士前任戶部左侍郎壬午鄉試覆試閱卷大臣

薛雲階夫子 名允升丙辰進士刑部左侍郎壬午鄉試覆試閱卷大臣本科覆試閱卷 朝考閱卷大臣

何壽南夫子 名崇光甲戌翰林山東道監察御史本科會試同考官

陳硯塘夫子 名履亨丙子進士翰林院編修國史館協修本科會試同考官

張子青夫子 名之萬丁未狀元刑部尚書本科會試大總裁

隝樵夫子 名貴恒辛未翰林刑部右侍郎本科會試大總裁 殿試讀卷大臣

宗室箴亭夫子 名福錕己未進士戶部右侍郎本科會試知貢舉 朝考閱卷大臣

張幼樵夫子 名佩綸 辛未進士翰林院侍講學士署都察院左副都御史本科會試知貢舉殿試讀卷朝考閱卷大臣

翁叔平夫子 名同龢 丙辰狀元毓慶宮行走工部尚書本科覆試閱卷大臣教習庶吉士

許鈞菴夫子 名應騤 壬子翰林戶部左侍郎本科覆試閱卷大臣

陳荔秋夫子 名蘭彬 癸丑翰林都察院左副都御史本科覆試閱卷大臣

宗室星齋夫子 名奎潤 癸亥翰林吏部左侍郎本科覆試閱卷殿試讀卷大臣

許星叔夫子 名庚身 壬戌進士刑部右侍郎本科覆試閱卷朝考閱卷大臣

宗室筱峰夫子 名崑岡 壬戌翰林戶部左侍郎本科覆試閱卷朝考閱卷大臣

張子騰夫子 名家驤 壬戌翰林工部右侍郎本科殿試讀卷朝考閱卷大臣

周生霖夫子 名德潤 壬戌翰林內閣學士兼禮部侍郎銜本科朝考閱卷大臣

黃再同夫子 名國瑾 丙子進士翰林院編修本科教習庶吉士

癸酉科府學選拔第二名

歷
會考一等第二十一名
朝考二等第十五名
保和殿覆試二等第二名
欽用七品小京官籤分工部
鄉試中式第二百六名
保和殿覆試一等第八名
會試中式第八十七名
保和殿覆試二等第五十三名
殿試二甲第十三名
朝考一等第十三名
欽點翰林院庶吉士

族繁不及備載

世居鼓樓西板橋胡同

會試硃卷光緒癸未科

中式第八十七名貢士曹鴻瀛直隸天津府天津縣拔貢生民籍五品銜工部額外主事

同考官翰林院編修國史館纂修記名御史加三級何　閱

翰林院編修國史館協修加三級陳　薦

大總裁刑部右侍郎正白旗蒙古副都統稽察左翼覺羅官學加三級貫　批　取

大總裁經筵講官刑部尚書加三級張　批　取

大總裁兵部尚書武英殿總裁宗室正藍旗漢軍都統加三級瑞　批　取

大總裁經筵講官太子少保禮部尚書國史館總裁翰林院掌院學士加三級徐　批　中

功深養邃經策詳明

體大思精經策雅飭

機暢神流經策博洽

氣充詞沛經策宏通

本房原薦批

說理精深措詞華貴次氣足

神完三思沈力厚詩秀逸

第二場

典麗矞皇詞條豐蔚

第三場

旁推曲證洞悉源流

聚奎堂原批

詞旨輕圓次三一律詩佳

知其說者之於天下也其如示諸斯乎

曹寯瀛

通禘之說於天下愈見其難知也夫不通其說於天下不足以言知矣子以示諸斯者喻之不愈見禘之難知乎日有是哉治幽之與治明胥此心理所貫注也蓋契合在神明奏假之誠徵諸有象斯感通周庶類祥和之氣釀於無形試慨想承平覺上祀者隆焉下觀者化焉而其旁皇周浹之故恍遇諸心目間已禘吾不知豈遂無知之者乎則試極其量於天下可矣尊祖而極推崇之典備聲備物祇自切其欽承顧何以不匱之心思方隆肸蠁而無言之賞怒亦寓勸威可知天下皆一理所彌綸事神者此理治人者即

此理也理固有其大同者矣入廟而殷報享之忱盡制盡倫惟自嚴於對越顧何以定五年之制慶衍孝孫即聯萬國之歡羣推元后可知天下皆一心所繫屬率祖者此心勤民者亦此心也心固有其大順者矣維禘有說其於天下何如乎吾不禁穆然於知之者其明察之神周乎倫物胥遠邇而相推以理天下遂無不可明之理而洞鑒者邇其精誠之意達乎尊親合神人而相見以心天下遂無不可格之心而感孚者捷間嘗究其故而知天下無異情者更無異理也夫合漢通微特隆祀典而窮源返本咸敘彝倫準此理以與爲擴充天子受福祿於先庶人嘗樂利於後矣試觀虞

廷咨典禮而秩宗之命百世觀型商祚溯發祥而假廟之誠九圍式化萬物莫不待治於理正惟以理揆理其措置爲有方耳古帝王緣情定禮而熙熙皞皞朝野閒揚仁風焉其功效有不顯呈者乎又嘗觀其通而知天下有同德者先有同心也夫形聲已杳志氣可親斯嗜好雖殊性情不隔本此心以與爲推暨廟中無懈孝子境内共戴仁君矣試觀淸廟駿奔而篤懷會孫畢伸其愛慤閟宮駢亨而宜及庶士廣被以慈祥一人不過自盡其心正惟以心感心其推行爲最易耳我國家創制顯庸而肅肅雝雝宮廷外歌徧德焉其休嘉有不立覩者乎其如示諸斯乎甚矣知其說之難

也○

本房加批

樸茂淵懿題藴畢宣後二一愈唱愈高不比箏琶細響

文理密察足以有別也　　曹寯瀛

終舉至聖之智德已裕有別之原矣夫文理密察智之德也以云有別至聖又何所不足乎嘗思一人有定鑒而後萬物無遁情非必逐物以求也惟裕乎靈明之體而遇物不爽其衡斯應乎蕃變之交而辨物自神其用蔚然可觀也秩然有序也渾然無閒也燦然靡遺也而幾微之不蔽夫固有宰乎其先者已有容有執有敬德既無不足矣然而仁足以長人而人之類至不齊也義足以制事而事之幾恐未審也禮足以持心而心之明正易蒙也至聖之臨天下不尤貴乎有別哉試進而言其智疑似未可假所慮者鑒

別之無才顧或炫其才之美誇其才之多恃其才之高矜其才之辨有才而自逞其才當幾將坐困矣至聖則有善用其才者焉是非無可淆所恃者甄別之有識顧或拘於識之陋囿於識之偏失於識之疏蔽於識之闇用識而或窮其識應物殊難周矣至聖則有獨精其識者焉吾以觀其文弇陋非文緣飾亦非文至聖則本濬哲之神而大文彌耀焉在中者有美文所爲極其著也吾又觀其理紛更非理瑣屑亦非理至聖則統始終之數而萬理胥貫焉有條者不紊理所爲會其通也若夫至聖之知周不遺且見其密焉萬變當錯綜之交一疏即神明之累持之以邃密則無隙可乘

矣單心之地純以緝熙智之所爲詳且慎也若夫至聖之知幾其神更見其察焉搉著極物情之僞視觀得人意之安深之以體察則無幽不燭矣先覺之機洞若觀火智之所爲明且遠也是蓋有以立別之體而無不各足焉非文則其美不彰非理則其緒必亂非密則其神易閒非察則其迹難窮萬物縱有對待之形而志氣如神即此識量深沉已足徵其物來之畢照也而無固陋無混淆無疏虞無蒙昧本原已裕而措置咸宜又何慮剖析之未當也哉是更有以神別之用而互見其足焉文得理則不棼理得密則不疏密得察則不淆察得文則不迫一人獨裕自然之量而虛靈不

睇矣待端倪畢露始足見其泛應之各當也而愈燦著愈分明愈周詳愈精細事變紛投而機宜必審又何慮毫髮之或遺也哉足以有別至聖之小德全矣

本房加批

安章宅句妥帖周詳

其事則齊桓晉文其文則史

曹雋瀛

即事與文以觀春秋皆無關王迹者也夫事本桓文文出於史此春秋之舊例也亦何關王迹哉且昔魯之興也歌坰野而盛事堪傳樂泮水而允文誌美一時舉事擴文於今爲烈矣不謂後世徒尙霸功而競長爭雄自矜偉略斯宗邦雖存實錄而編年紀月僅守遺篇閒嘗俯仰古今流連典冊覺紀兩國之富强者祗備一朝之掌故而已魯之春秋何無異於乘檮杌哉則試徵其事則試繹其文昭代布修和之化而書方書策遠樹儀型故事屬會同攻車誌盛事隆燕饗湛露興歌往事溯岐豐赫赫乎王朝之駿烈也而

春秋則不免多事矣興朝多制作之才而記動記言胥垂典則故朝覲有文可詠裳華巡狩有文可賡時邁大文昭宇宙煌煌乎盛世之鉅觀也而春秋則競尚繁文矣且夫事亦何可殫述也失麋而得善言射兕而容賢士晉楚之所詳者春秋亦或從其略不知紀事撮要而干戈玉帛凡可以炳耀於鄰封者桓文之外轉覺無足鋪張也吾得舉之曰齊桓晉文而已且夫文亦何可例觀也董狐號爲良史倚相亦有專官晉楚之所守者春秋亦或攬其全不知因文勝質而網羅摻輯僅可以流傳於宗國者史之中尙難據爲典要也吾得目之曰史而已綜計一十五國之紛爭至末流而

益甚矣秦長西戎濟河徒矜遠略楚雄南國問鼎究屬何心憑陵肆伐之威未始非創霸者有以作之先而啟其慾也則桓文為功之首桓文實罪之魁耳然而盛衰亦關運會所可幸者尊周攘狄當時猶深賴以維持若云五尺羞稱特恐刈麥刈禾之風更不知伊於胡底矣春秋雖故事徒存乎而東海稱雄申命者五南陽啟宇入覲者三撫陳編者猶不廢下泉之意焉爾徧覽二百餘年之載籍其體例幾無存矣見聞互異纂言自守專家征伐頻仍秉筆惟循成例穿鑿附會之故未始非修辭者有以溢其似而襲其名也則史可以傳信史正足以滋疑耳然而是非自在人寰所可恃

者斷簡殘編後世猶易明其梗概若云一詞莫贊安得掌典掌志之官盡能守而無失也春秋雖空文無補乎而甲戌己丑不免傳訛夏五郭公猶能守缺稽往籍者固深幸碩果之存焉爾蓋其事在其文在卽其義在也自孔子取而修之而王迹於以不熄矣

本房加批

看書如甕底脫行文如翻水成波瀾起伏想見攜琴泛海時也

賦得花開鳥鳴晨 得晨字五言八韻　　曹鶴瀛

繪出韶華景晴開夜嚮晨煥寒三月好花鳥一時新醞釀霏
香乍閒鬪喚曙頻催將千樹曉併作十分春傍幄雲偎影依
欄露滿身棠梢欣得地麥氣不飛塵蝶舞全迷路鶯遷共結
鄰何如
蓬島麗振翮企
楓宸

本房加批

花濃雪聚鳥囀歌來

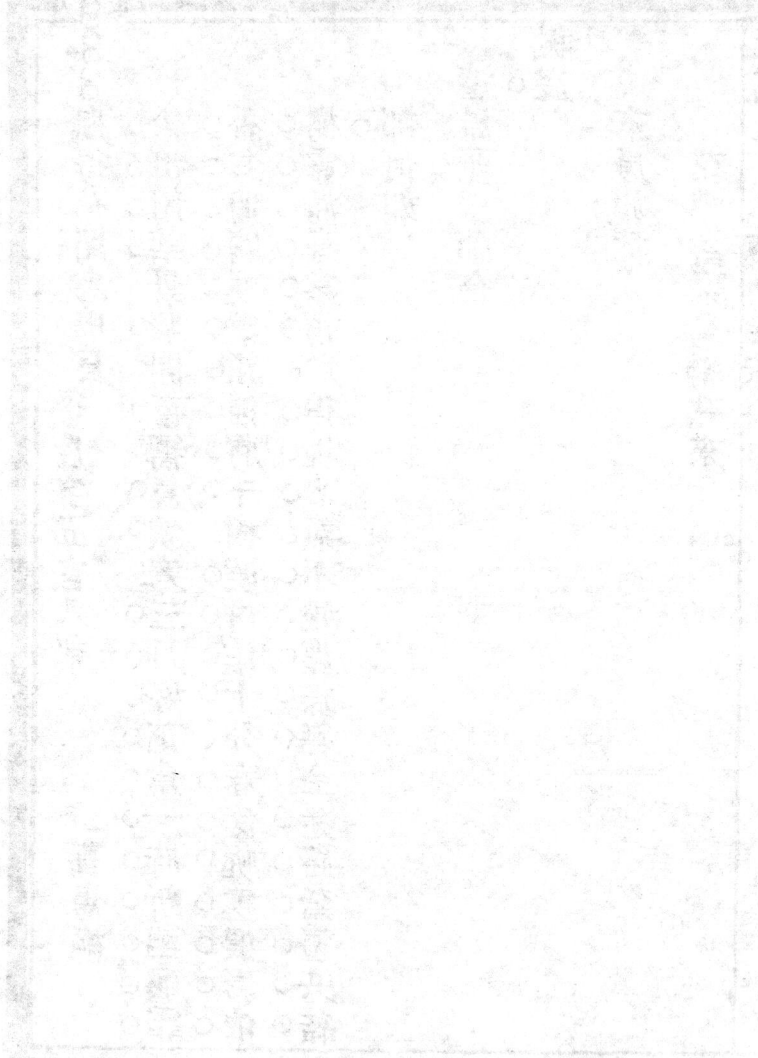

徐謙

字子光號吉甫行二咸豐甲寅年十月初十日吉時生天津府天津縣廩生民籍

曾祖諱上遺
妣氏陳
祖諱震
妣氏劉
父諱恩榮
母氏劉

胞叔祖乾
胞兄詩
胞弟諧
胞姪用賓　用中　用和　用昭
妻梅氏
子用極
女一

鄉試中式第二百十三名
會試中式第一百十一名
殿試第二甲第九十一名
朝考第二等第十五名
欽點主事籤分刑部

族繁不及備載
世居天津城內

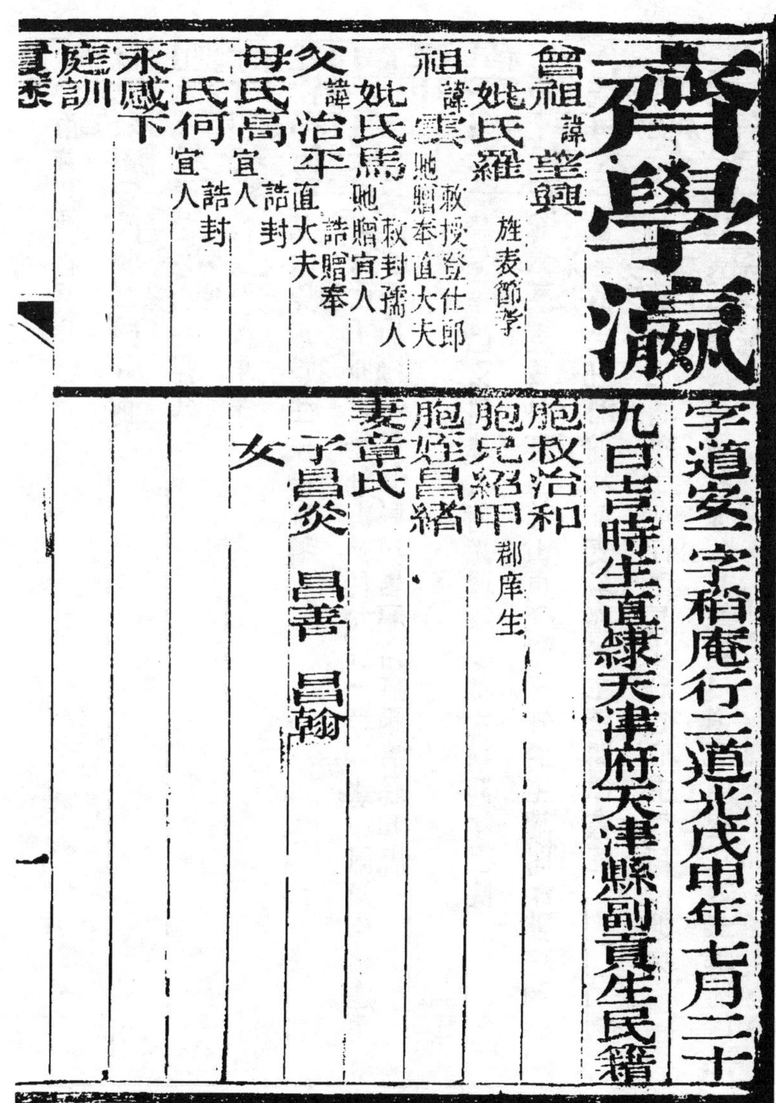

齊學瀛

字道安一字稻庵行二道光戊申年七月二十九日吉時生直隸天津府天津縣副貢生民籍

曾祖諱望興

妣氏羅　旌表節孝

祖諱寶　敕授登仕郎　貤贈奉直大夫

妣氏馬　敕封孺人　貤贈宜人

父諱治平　誥贈奉直大夫

母氏高　誥封宜人

氏何　誥封宜人

永感下

庭訓

胞叔治和

胞兄紹甲　郡庠生

胞姪昌緒

妻章氏

子昌炎　昌善　昌翰

女

受業師 謹以先後爲序

胞兄松樵夫子 諱紹甲 詳前

劉祝三夫子 諱從頤 邑庠生

尉竹卿夫子 諱廷樑 邑庠生

袁金雨夫子 諱士毅 歲貢生 候選訓導

蘭子賁夫子 印炳元 丁卯科經魁庚辰科大挑一等 欽加同知銜福建建甯府甌甯縣知縣現署福州府福清縣知縣

課師

程容伯夫子 諱恭壽 己亥科舉人前光祿寺少卿主講問津書院

王筠軒夫子 諱繼庭 庚戌科進士前山東兗州府知府主講問津書院

李鐵梅夫子 諱嘉端 己丑科翰林前安徽巡撫主講問津書院

吳傳嚴夫子 印士俊 癸巳科進士前湖南長沙府知府主講輔仁書院

吳霖宇夫子 諱惠元 甲辰科翰林原任甘肅甯夏道雲南鹽法道主講輔仁書院

霄潤軒夫子 諱彥璦 安徽廪生 欽加五品銜候選鹽知事

李少荃夫子 印鴻章 丁未科翰林前 文華殿大學士直隸總督

張振軒夫子 印樹聲 現任兩廣總督署直隸總督

雲舫夫子 諱恆慶 原任長蘆鹽運使司鹽運使

覺羅子鶴夫子 印成孚 前長蘆鹽運使司鹽運使

林綬卿夫子 印述訓 庚戌科進士前長蘆鹽運使司鹽運使

冠九夫子 印如山 戊戌科翰林前長蘆鹽運使司鹽運使

玉如夫子 印額勒精額 戊辰科繙譯進士現任長蘆鹽運使司鹽運使前天津河間兵備道

陳子敬夫子 印欽 壬子科舉人前津海關道

黎召民夫子 印兆棠 丙辰科進士前津海關道

鄭玉軒夫子 印藻如 辛亥 恩科舉人前津海關道

周玉山夫子 印馥 現任津海關道

周琳栗夫子 諱家勳 己酉科舉人前天津河間兵備道

丁幾山夫子 諱壽昌 前天津河間兵備道

吳春帆夫子 印贊誠 己酉科拔貢前天津河間兵備道

年伯劉崑圃夫子 諱秉琳 壬子恩科進士前天津河間兵備道

吳香畹夫子 諱毓蘭 原任天津河間兵備道

張翰泉夫子 印兆瀛 丙辰科進士前天津府知府

于瑩夫子 印宜霖 現任天津府知府升任揚州府知府

沈松亭夫子 印承泉 現任長蘆鹽運分司

何駿生夫子 印崧泰 癸丑科進士前天津河防分府

陳襄夔夫子 諱錫麒 壬戌科進士原任天津河防分府

劉潤之夫子 印亨霖 前天津縣知縣

劉彥三夫子 印傑 前天津縣知縣

蕭廉甫夫子印世本　癸亥恩科翰林前天津縣知縣
郭紹庭夫子印奇中　前天津縣知縣
朱允卿夫子印孫　戊辰科進士現任天津縣知縣
受知師
熊松園夫子諱繩武　前天津府知府
年伯夏子松夫子諱同善　丙辰科翰林前順天學政
張海嶠夫子印登瀛　戊辰科翰林癸酉科順天鄉試同考官
馮聯棠夫子印文蔚　丙子科探花己卯科順天鄉試同考官
小汀夫子諡文勤　己丑科翰林癸酉科順天鄉試大主考
胡小蘧夫子印家玉　辛丑科探花癸酉科順天鄉試大主考
寶佩蘅夫子印鋆　戊戌科翰林癸酉科順天鄉試大主考
潘伯寅夫子印祖蔭　壬子科探花癸酉科順天鄉試大主考

三

長沙

徐蔭軒夫子 印桐 庚戌科翰林己卯科順天鄉試大主考

[illegible]夫子 印志和 壬子科翰林己卯科順天鄉試大主考

[illegible]經夫子 印兆鏞 庚子科翰林己卯科順天鄉試大主考

錢湘吟夫子 諱寶廉 庚戌科翰林己卯科順天鄉試大主考

癸酉科鄉試中式副榜第十二名

己卯科鄉試中式第一百十三名

覆試一等第九名

會試中式第七十七名

保和殿覆試二等第四十五名

殿試三甲第十二名

朝考三等第二十九名

欽點主事籤分戶部

族繁不及備載

世居天津城內

欽命四書詩題

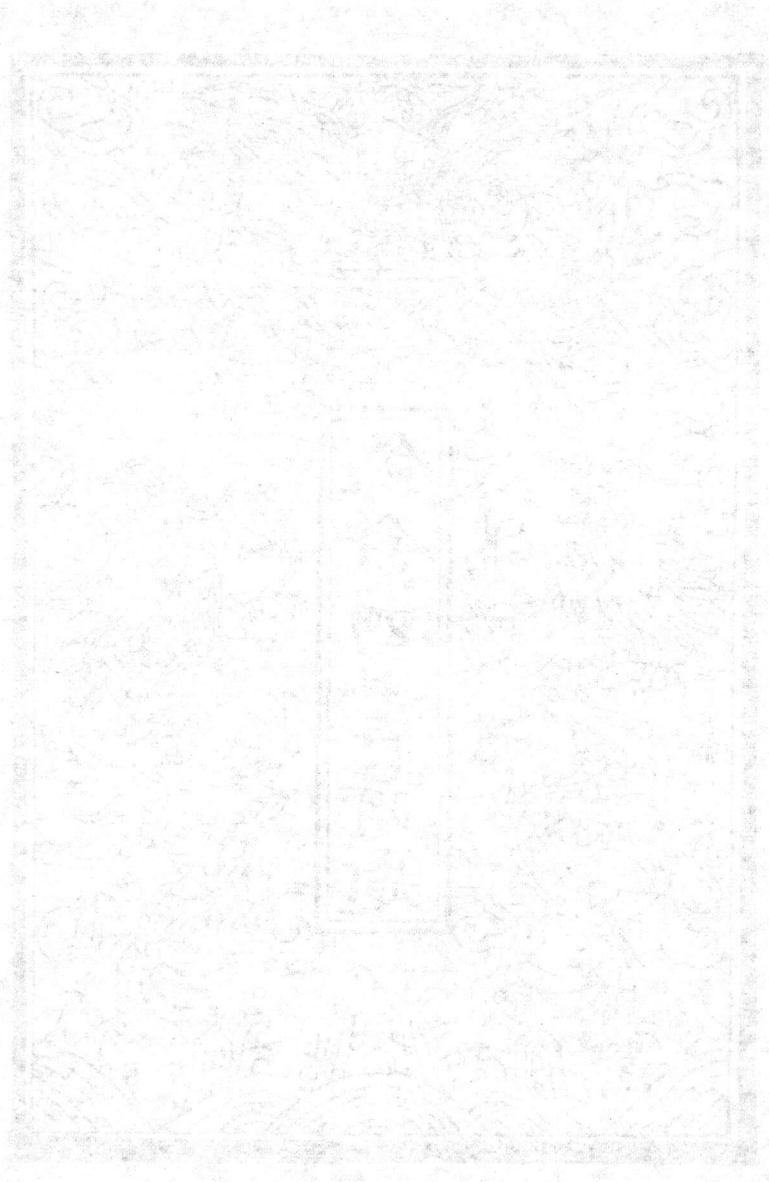

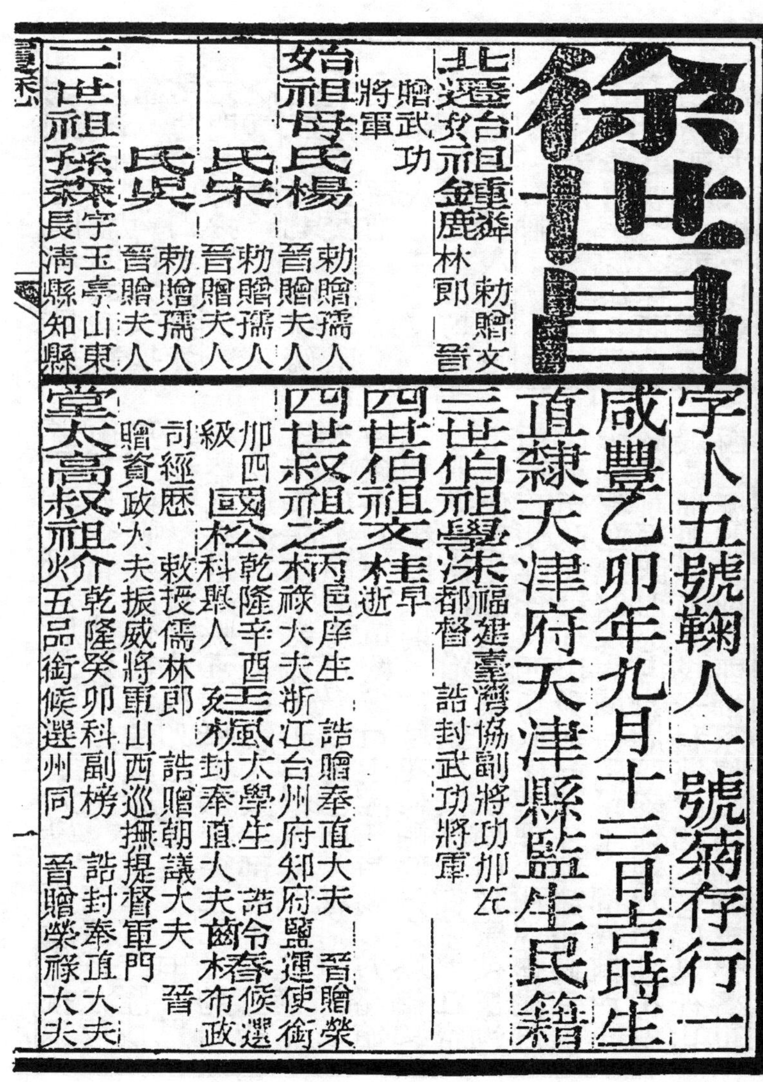

徐世昌

北遷始祖鍾麟　敕贈文林郎　晉贈武功將軍

始祖母楊氏　敕贈孺人　晉贈夫人

宋氏　敕贈孺人　晉贈夫人

吳氏　敕贈孺人　晉贈夫人

二世祖孫森　字玉亭，山東長清縣知縣

字卜五，號鞠人，一號菊存，行一

咸豐乙卯年九月十三日吉時生

直隸天津府天津縣監生，民籍

三世伯祖學渶　福建臺灣協副將，功加左都督　誥封武功將軍

四世伯祖文桂　早逝

四世叔祖之栢　邑庠生　誥贈奉直大夫　晉贈榮祿大夫、浙江台州府知府、鹽運使銜加四級

國松　乾隆辛酉科舉人

廷楓　太學生　誥封奉直大夫

齡椿　候選布政司經歷　敕授儒林郎　誥贈朝議大夫　晉贈資政大夫、振威將軍、山西巡撫提督軍門

堂太高叔祖炌　乾隆癸卯科副榜　誥封奉直大夫　五品銜候選州同　晉贈榮祿大夫

江南河道同知　敕授
文林郎　誥贈武功將
軍　晉贈資政大夫振
威將軍山西巡撫提督
軍門著有搖
鞭草詩集

二世祖母氏魏人　敕封孺
誥贈
夫人　晉贈
一品夫人

氏吳人　敕封孺
誥贈
夫人、晉贈
一品夫人

三世祖學渭字源長　敕
贈文林郎
誥贈朝議大夫　晉贈
資政大夫振威將軍山

浙江台州府知府鹽運使皇太學奈廪膳生挑取
銜加四級著有朗齋詩鈔火生夕膳錄選江西
萬安縣縣丞歷任德化門廪膳邑庠宣乾隆戊
縣知縣　敕授文林郎火生火寰生火申恩
科舉人候選知縣寬太學生候選從九品　貤封
敕授文林郎火中憲大夫兵部郎中加二級
卓太學生候斤乾隆壬子科舉人考充正紅旗覺
火選從九品火鑲官學教習乙卯　恩科會試
特授內閣中書軍機處行走歷任侍讀　方略館
提調　御園校射　賞戴花翎福建道監察御史
簡放江南河庫道　欽加按察使銜兩署江甯
布政使歷任江西按察使調任湖南按察使署湖
南布政使歷任陝西布政使護理陝西巡撫調任
山東布政使護理山東巡撫調任福建布政使護
理福建巡撫改授內閣侍讀學士　簡放陝西布
政使護理陝西巡撫兼攝西安鎮總兵軍功從優
議敘加四級道光戊子科陝西鄉試監臨歷任山
西巡撫兼兵部侍郎都察院右副都御史提督軍

西巡撫提督軍門

三世祖母氏張 敕贈孺人 誥贈恭人 晉贈一品夫人

四世祖金楷 字端叔乾隆戊午科副榜 誥封奉直大夫 著有步青堂餘草

四世祖母氏李 誥贈宜人

本生四世祖汝槐 字蔭堂乾隆壬申恩科舉人山西路城縣知縣磁州儒學訓導 敕授文林郎 誥封奉直大夫

門巡按鹽政調署陝西巡撫改授湖南按察使內擢太常寺少卿陞任光祿寺正卿 誥授資政大夫振威將軍著有吟香書室奏疏吟香書室詩文集

熾 邑庠生

灼 候選布政司經歷議敘同知 誥授奉直大夫 誥封朝議大夫廣西太平府知府

炯 增廣生 馳封儒林郎光祿寺署正

只豕太學生

煜 候選布政司經歷 誥封奉直大夫

烇

高伯叔祖垣 太學生候選從九品

[illegible]

壇 邑庠生 馳贈奉直大夫內閣中書加四級

均 太學生 馳封儒林郎內閣中書加二級

祖培 附貢生兵部武庫司郎中兼武選司行走則例館纂修提調軍功議敘隨帶加二級道光戊子科鄉試挑取謄錄

榮

封 候選布政司理問 敕授儒林郎 誥贈榮祿大夫浙江台州府知府鹽運使銜加四級

堂 太學生

承

埰 二品廕生光祿寺署正大官署行走兼典簿廳黃冊房稽察所事務嘉慶己卯道光乙酉科鄉

本生四世祖母氏劉 敕封孺人 誥贈宜人

氏沈 敕封孺人 誥贈宜人

太高祖煇 字午閶 乾隆甲午科舉人 歷任江西新昌廬陵縣山東甯陽縣知縣 乾隆壬子科江西鄉試同考官 敕授文林郎 誥贈奉直大夫

太高祖母氏查 敕封孺人 誥贈

二

試挑取謄錄補充功臣館謄錄候選員外郎 允執 太學生 封奉直大夫 貤坪 道光壬午 恩職考取二等候選州同議敘五品銜 誥授奉直大夫 誥封中憲大夫 貤封榮祿大夫

坤 太學生

堈

相彭 道光壬午科武舉

壙 邑庠生

堉 道光壬午科舉人考取內閣中書委署侍讀 國史館分校方略館總校選授廣西梧州府分府歷署桂林龍州府分府桂林思恩泗城府知府陞任太平府知府勅辦龍州逆匪巷戰陣亡特旨交部從優議卹追贈道銜 賞給雲騎尉世襲三代恩騎尉世襲罔替 誥授中憲大夫入祀本籍昭忠祠 塉

附貢生候選批驗所大使 主 至

域

塘 太學生

濯奎 分發漕標補用衛千總歷署江南鎮江衛蘇州衛山東德州衛濟甯衛領運千總單功 賞加衛守備銜 堳 候選從九品

贇 邑庠生

境

春臺 候選通判

鳳臺 太學生

毅莊 江南

宜人

高祖城字印川歷任河南光山南陽縣署新安武陟湯陰滎澤汲縣知縣特用同知直隸州勅授文林郎誥授奉政大夫晉贈朝議大夫

高祖母氏朱勅封孺人誥封宜人晉封恭人

高庶祖母氏李誥封宜人

曾祖廉鍔字新菴道光壬辰科舉人丙申

金山衛領運千總坪邑庠生

高伯叔祖基候選縣丞誥封奉直大夫　圻江西候補從九品歷署鄱陽萬安安仁縣縣丞吉安臨江府經歷

堂曾伯叔祖振鑅道光甲午科舉人國子監學正學錄提陞助教實錄館總校江蘇太湖廳同知　暘鍚太學生　鳴鐸議敘從九品　暘鉞太學生　士銘邑庠生候選從九品　維鐈議敘從九品　鳴鑾議敘從九品　克銘候選從九品　維欽邑庠生　以鏸　鍈湖北石首縣典史署石首縣知縣欽加五品銜賞戴藍翎　佑銘　士鍈廣東候補府經歷兼襲雲騎尉世職署開山縣知縣高要縣縣丞　全鍊現任山東甯陽縣典史軍功賞加五品銜　恩錄議敘從九品　文銳　振鈁山東臨清衛領

恩科進士湖南即用
知縣署晃州直隸州通
判勅授文林郎誥
贈朝議大夫著有會心
堂詩
文集

曾祖母佘氏 天津本邑人廪膳生諱大煒公孫女癸酉科舉人歷署廣東大埔電白縣廣州佛山同知原任從化縣知縣諱堂公長女廪膳生諱作恭國學生諱作霖公胞姊廪膳生候選鹽場大使名春鵬胞祖姑母勅封孺人誥封恭人

運千總軍功
賞加衛守備銜 士鈵 新銘 寶鎔 厚錕 士銅 寶鑅 士鑑 振鐸 寶鋙 銘 聯鏢 議敘
從九品 雲鑣 太學生 封武略騎尉 貤 元鑣 江西九前幫河南任城衛領運千總 敕
授武略騎尉 鐸 湖南候補典史署綏甯縣典史 士鎣 提舉銜河南候補縣丞 士鑾
咸豐戊午科舉人已未科考充右翼宗學教習內
閣中書推陞典籍 文淵閣檢閱 方略館校對
國史館校對本衙門撰文陞任侍讀 記名
御史浙江台州府知府 欽加二品銜候選道 鑄
山東候補典史 士銓 候選從九品 鋐 文鎔 鑑 山東候補巡檢 鈘 候選
主衛 士鋞 光緒丙子科副榜內閣中書 士鎧 四品銜候選光祿寺署正
嫡堂曾伯祖 大鏞 道光壬午科舉人河南偃師杞縣
叔祖 元鏞 知縣歷署鹿邑安陽柘城唐縣知

氏柴天津本邑人國學生諱文山公女甲子科舉人候選知縣諱文江候選從九品諱文蔚公胞姪女山東候補未入流諱春泰公胞妹　勅封孺人　誥封恭人

祖思穆字筆珊原任中河通判歷署衛糧商虞通判黃沁下北下南河同知運同銜補用府候補直隸州河防出力賞戴花翎　誥授朝議大夫　勅贈文林郎翰林院庶吉士

祖母氏陳浙江秀水縣人國學生諱樹勲

縣禹州知州　欽加知州銜著有見眞吾齋詩文集　士鉁道光戊子科舉人甲辰科會試大挑一等分發江西署上高縣知縣　士鋐太學生　士錦優貢生道光己亥科鄉試薦卷癸卯甲辰科　士錞河南鄢陵縣知縣　欽加同知銜堂備　士鈐　應鈐太學生

胞曾叔祖孝鏡河南候補知縣歷署考城獲嘉縣改分陝西歷署吳堡米脂甘泉縣知縣　欽加知州銜　誥授奉直大夫

堂叔祖鴻章邑庠生　鴻年　鴻儀山東候補知縣特用同知署鄒縣知縣　欽加五品銜賞戴藍翎鴻藻　福臻山東長清縣歷任鉅野文登單縣知縣濱州知州在任候補同知　思穉河南候補縣丞陞用知縣　冕章邑庠生　思勉河南候補府經歷　鴻璋　鴻逵分發省分試用典史　欽加六品銜鴻恩　鴻翥

四

慶

公長女國學生諱錫慶

公胞妹國學生名濬胞

姑母道光辛丑科進士

吏部員外郎記名御史

諱鴻壽堂姑母　誥

封恭人　勅贈孺人

庶祖母于　例贈

海　孺人

父諱賢字少珊太學生候選主簿著有治薌書屋詩草　勅授登仕郎　勅封文林郎翰林院庶吉士

母氏黎　順天大興縣人河南桐柏縣歷署原武沈邱甯陵縣知縣諱文楷公長女翰林院待

鳳儀　思衡邑庠生　鴻祥　鴻勳　思敏　壽昌

太學生思恭邑庠生　[illegible]　璟候選巡檢　鴻泰光緒己卯科舉人　思

來　思泰　鴻吉　鴻緒　鴻亭　鴻立　鴻遠

思璐　思頤　思琛

嫡堂叔祖思純國學生　思本候選典史

胞伯祖叔祖壽彝道光癸卯科優貢直隸州州判河南候補知縣歷署長葛郟縣登封縣知縣

欽加知州銜　敕授文林郎　誥授奉直大夫著有晴雪山房詩文集　思浩安徽候補州吏目署梁園巡檢　敕授登仕郎　貤封奉直大夫　思九河南候補縣丞　敕授修職郎

堂叔伯興分省補用縣丞知縣用　欽加理問銜　嘉樹河南試用巡檢　湛恩

四

誥名元啟胞姊
勅封孺人
母氏劉　安徽桐城縣人廩貢生諱敦元公次女國學生諱延禧河南候補知縣諱雲祚國學生諱星祐公胞妹河南撫標守備　賞戴花翎諱雲公胞姊候選典史諱宗賢東河候補未入流名寅贊五品銜千總名崇賢國學生諱安貞
胞姑母　勅封孺人

慈侍下
祖訓

聯恩、延詒山東候補典史嘉誠、承恩、嘉祺、嘉福
瑞生
嫡堂叔嘉楨候選同知直隸州　嘉棨光緒乙亥恩科舉人現任湖北利川縣知縣
欽加五品銜嘉禾候選典史　嘉謀
胞叔嘉猷河南候補知縣欽加知州銜　賞戴藍翎　嘉謇
堂弟世剛　世盛　世掄　世揚俱幼讀
嫡堂弟世杰
胞弟世光光緒壬午科兄弟同榜舉人本科會試房薦
胞祖姑母三一適道光癸卯科順天鄉試挑取謄錄河南候補府經歷軍功　賞加六品銜

序

鯀訓　孫訓

胞叔翁訓

受業受業師謹以受業受知自知先後爲序

天卿夫子名字咸豐己未庚申聯捷進士現任四川仁壽縣知縣

常鶴亭夫子諱家馴咸豐辛酉科拔貢同治壬戌科舉人原任原武縣訓導

宋劍軒夫子諱佩綸廩膳生

蔣雅夫子名清漢廩膳生

江南亳州打仗殉難　特旨賜卹　追贈鑾儀衛經歷銜世襲雲騎尉世職　賜祭葬　敕授承德郎　敕贈徵仕郎陳諱謨公室　一適候選布政司經歷王諱德溶公室　一適道光丙午科舉人陝西候補知府署延安府知府賈諱敦愷公室

胞姑母一適光緒丙子恩科進士翰林院庶吉士現任四川萬縣知縣　欽加同知銜路名朝霖公室

胞姊一適河南補用道候補知府　賞戴花翎咸豐九年打仗殉難　特旨賜卹建立專祠　諭賜祭葬入祀昭忠祠　追贈光祿寺卿予謚誠毅顏諱懷忠公次子太學生光緒丙子科順天鄉試房薦諱士棟室奉　旨建坊旌表節孝

娶曾氏貴州貴筑縣人嘉慶庚午辛未聯捷進士江西都昌縣知縣歷任景德鎮同知諱人傑公

王

嫡堂叔性畏夫子 名槀

張荆璞夫子 諱玉鈐 道光丁酉科拔貢

李厚耔夫子 名贊清 庠生

表叔陳仲英夫子 名文騄 同治甲戌科進士翰林院編修現任浙江金華府知府

表叔陳季房夫子 諱文駟 太學生同治甲子科堂備著有漱潤廬詩文集

叔外祖劉子麟夫子 諱彣高 庠生

孫女嘉慶己卯科舉人都匀府教諭河南原武縣知縣 欽加同知銜候選知府諱吉麟公長女河南候補州吏目諱元昌胞妹名元得胞姊

席氏江蘇上元縣人候選通判 欽加五品銜 誥封朝議大夫名存忠公次女河南鄢陵縣現調署杞縣知縣 欽加知府銜補用府候補直隸州 賞戴花翎名元鑾國學生候選縣丞壬午科順天鄉試房薦名元琛胞妹候選典史名元炳嫡堂妹分發浙江鹽庫大使名素恒國學生名素謙素亨素頤胞姑母

高松君夫子 諱立中 廩膳生

王謁初夫子 江甯處士

董銘新夫子 名鎣 廩膳監生

秦與可夫子 諱光權 增廣生

杜燕侯夫子 名鵾鳴 同治癸酉科拔貢 廣東候補知縣

嫡堂叔祖蔭萬夫子 名[illegible]

姚伯懷夫子 名承修

叔舅祖子貞夫子 名嘉蔚 太學生同治甲子科河南鄉試房薦丁卯科堂備

太姻伯路漁賓夫子 名璜 道光乙巳恩科進士前河南洛陽縣知縣主講敷文經舍

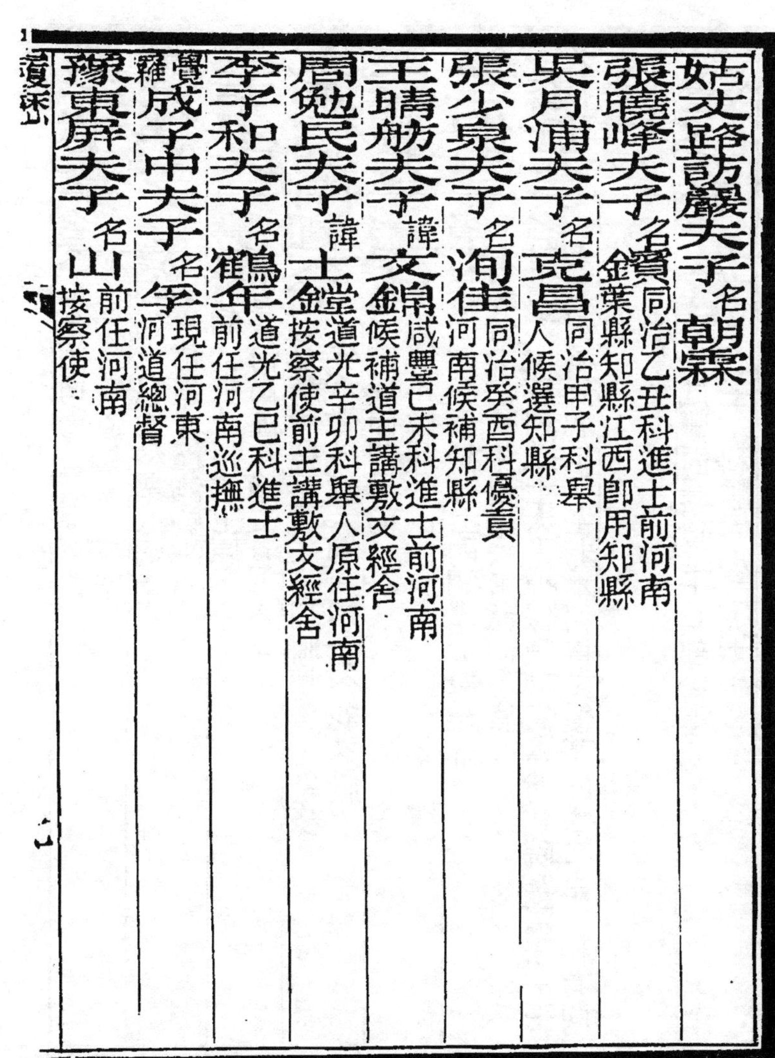

姑丈路訪巖夫子名朝霖

張饒峰夫子名鑽同治乙丑科進士前河南葉縣知縣江西即用知縣

吳月浦夫子名克昌同治甲子科舉人候選知縣

張少泉夫子名洵佳同治癸酉科優貢河南候補知縣

王晴舫夫子諱文錦咸豐己未科進士前河南候補道主講敷文經舍

周勉民夫子諱士鏜道光辛卯科舉人原任河南按察使前主講敷文經舍

李子和夫子名鶴年道光乙巳科進士前任河南巡撫

覺羅成子中夫子名孚現任河東河道總督

豫東屏夫子名山前任河南按察使

房師

麟子瑞夫子名椿前任河南南汝光兵備道

黃海樓夫子名振河道光己酉科舉人河南候補道署糧儲鹽法道

王左泉夫子諱道源同治壬戌科進士原任河南糧儲鹽法道

太姻伯劉南卿夫子名毓楠咸豐辛亥壬子科聯捷進士前安徽鳳潁六泗道現主看花文社

饒雲卿夫子名拜颺河南候補知州前署祥符縣知縣

錢辛伯夫子名桂森道光庚戌科進士內閣學士兼禮部侍郎銜壬午科順天鄉試同考官

徐蔭軒夫子名桐道光庚戌科進士太子少保吏部尚書翰林院掌院學士壬午科順天鄉試大主考本科會試覆試閱卷大臣　朝考閱卷大臣

烏達峰夫子名拉喜崇阿咸豐丙辰科進士兵部尚書壬午科順天鄉試大主考

畢東河夫子 名道遠 道光辛丑科進士禮部尚書壬午科順天鄉試大主考

孫燮臣夫子 名家鼐 咸豐己未科一甲第一名進士戶部右侍郎壬午科順天鄉試大主考

祁子禾夫子 名世長 咸豐庚申科進士都察院左都御史本科 朝考閱卷大臣

宗室福箴廷夫子 名錕 咸豐己未科進士戶部尚書協辦大學士本科會試覆試閱卷大臣 殿試讀卷大臣

張子青夫子 名之萬 道光丁未科一甲第一名進士刑部尚書協辦大學士軍機大臣教習庶吉士本科 殿試讀卷大臣

宗室麟芝菴夫子 名書 咸豐癸丑科進士刑部尚書翰林院掌院學士教習庶吉士本科會試覆試閱卷大臣 朝考閱卷大臣

翁叔平夫子 名同龢 咸豐丙辰科一甲第一名進士太子少保戶部尚書本科 殿試讀卷大臣

潘伯寅夫子 名祖蔭 咸豐壬子科一甲第三名進士太子少保工部尚書本科會試覆試閱卷大臣 殿試讀卷大臣 朝考閱卷大臣

李蘭蓀夫子 名鴻藻 咸豐壬子科進士太子少保吏部右侍郎本科會試知貢舉 朝考閱卷大臣

宗室崑小峰夫子名岡同治壬戌科進士工部尚書本科會試覆試閱卷大臣　朝考閱卷大臣

孫子授夫子名詒經咸豐庚申科進士戶部左侍郎本科會試覆試閱卷大臣　朝考閱卷大臣

薛雲階夫子名允升咸豐丙辰科進士刑部左侍郎本科會試覆試閱卷大臣　朝考閱卷大臣

許星叔夫子名庚身同治壬戌科進士刑部右侍郎軍機大臣本科會試覆試閱卷大臣　朝考閱卷大臣

景弗庭夫子名善同治癸亥科進士戶部右侍郎本科　殿試讀卷大臣

宗室奎星齋夫子名潤同治癸亥科進士都察院左都御史本科會試覆試閱卷大臣

童薇研夫子名華道光戊戌科進士禮部右侍郎本科會試覆試閱卷大臣

沈仲復夫子名秉成咸豐丙辰科進士內閣學士兼禮部侍郎銜本科　殿試讀卷大臣

徐頌閣夫子名郙同治壬戌科一甲第一名進士禮部左侍郎署吏部左侍郎本科會試覆試閱卷大臣　殿試讀卷大臣　朝考閱卷大臣

廖仲山夫子名壽恒同治癸亥科進士兵部右侍郎本科會試覆試閱卷大臣 殿試讀卷大臣 朝考閱卷大臣

烏經雲夫子名拉布同治甲戌科進士工部左侍郎本科會試知貢舉 朝考閱卷大臣

王可莊夫子名仁堪光緒丁丑科一甲第一名進士翰林院修撰教習庶吉士

鄉試中式第百五十四名
會試中式第二百七十六名
保和殿覆試一等第四十八名
殿試二甲第五十五名
朝考二等第八十七名
欽點翰林院庶吉士

族繁不及備載

世居天津城內學棚後

中式第一百七十六名貢士徐世昌係直隸天津府天津縣監生民籍

同考試官翰林院編修國史館協修加三級支　閱　薦

大總裁經筵講官工部左侍郎軍機大臣總理各國事務大臣加三級孫　取　批

又　批　氣清筆健經策淹通

大總裁戶部左侍郎兼管三庫事務正白旗滿洲副都統專操大臣總管內務府大臣加三級嵩　取　批

又　批　機暢神流經策詳贍

大總裁都察院左都御史加三級祁　取　批

又　批　意精詞粹經策淵懿

大總裁經筵講官吏部尚書鑲白旗滿洲都統管理戶部三庫事務加三級錫　中　批

又　批　力厚思深經策博洽

本房原薦批

中二比超以象外得其環中前後均簡潔矣實發不可能三字詞意清切三筆意雅健機局亦緊詩佳二場經義紛綸筆亦老潔

聚奎堂原批

氣局深穩筆意清超經藝暢鍊策順

子張問行子曰言忠信行篤敬雖蠻貊之邦行矣言不忠信行不篤敬雖州里行乎哉立則見其參於前也在輿則見其倚於衡也夫然後行子張書諸紳

徐世昌

有不容離於誠者聖賢之論行盡之矣夫言必忠信而後行行必篤敬而後行也立與在輿其誠著矣張所以書紳誌之歟且宇宙無可獨處之境必體立者用始宏身心無可自懈之時必見微者知乃著聖人知賢者之有意於此因論夫口之所出身之所循以繪其常目咸在之象夫而後云爲動靜之規聖與賢之責望愈無窮矣聖門子張力行士也自聞夫子寡尤寡悔之訓則當實勵其

言行之功詳究其言行之用以慎持夫所以言所以行之地而佩服不忘也乃日者復以行問也何居是蓋有見於學問事功下士之拘墟自甘暴棄故本此身以問世要不容自隘其規模抑必有見於文章道德俗儒之委瑣每就沈淪故任斯道於當途更何能自阻其器量此子張問行之所由來也今夫行之實著者曰言曰行言行之內蘊者曰忠信曰篤敬忠信篤敬之不可或離也虛擬之曰立則見其參於前也復擬之曰在輿則見其倚於衡也夫如是而可遠言行乎大抵豪邁之行修不患見道之迂拘每患縱情之浮僞顧世有一書售世傳誦遍海澨山陬一節流芳景仰動遐

方異域其所以足此逢彼者於言行發之實於忠信篤敬基之也而反是者不然矣畢生之顧諟難寬祇此念慮所周息息有誓山河對壇坫之精神時流露於靜不可忘動不可失之候蓋無在不作立與在輿觀也則其勵於行之先者切也大抵曠達之行詭不慮見理之膠執每慮任事之浮夸顧世有辭論莊嚴畏其義者知中朝有傑士丰采崇峻欽其範者須上國有良臣其所以發邇見遠者徵之於言行實出之於忠信篤敬也而異此者無論矣一己之操修何限惟此樞機所播在在有質鬼神臨師保之志氣彌昭著於心有所注目有所觸之時蓋無在不作參前倚衡觀也則其

愼於行之始者周也儒生刻責本不容寬當夫聖訓親承一徵以隨在之取攜直等諸識鼎銘盤常嚴其戒學士修爲貴能自勵當夫師箴聆受一證諸當前之憑藉實同於立監佐史不懈其操張之以書紳傳也亦惟兢兢焉常守此忠信篤敬而已矣又何暇計其行於蠻貊州里也哉

本房加批

高談雄辯瞻視不凡此文之得春夏氣者

中庸不可能也

徐世昌

以不可能者望其能聖人勉人於中庸爲夫人之不能中庸者以未知中庸之真故也惟知其不可能而後所以求能者豈無道哉子思述夫子之意曰吾向者言中庸之爲德而歎夫民之鮮能顧何以既言中庸而轉示人以不可及哉蓋理道之蘊藉無窮而中正之規獨居廣大心性之修爲無盡而庸常之德必貴精純一私不雜之天所謂偏及之不可矯持之尤不可者於以知從容淡定固非尋常操切者之所得爲也可均可辭可蹈此而謂可夫亦何所不可哉而抑知中庸顧何如名教之責備無多惟此日用倫常

皐以統父子君臣大範圍於一世放而皆準卽切而可循初不聞造物生成爲斯世偶留夫缺陷身世之持修最切惟此云爲動靜要必舉經權常變宏裁制於一心神聖何優亦庸愚何絀更不聞吾人造就於大道稍涉夫拘牽是則中庸者固盡人所易能也然謂爲易能夫豈盡人所可能哉粹精者中庸之理泛以求之其理微泥以求之其理又晦天壤間至正至常之事半墮於粗淺因循之輩昧體驗而自懈功修此難視乎中庸者也不能也渾化者中庸之道淺以求之其道失深以求之其道轉漓宇宙內不偏不倚之規半壞於離人絕物之儔習隱怪而自矜才智此自外乎中庸

者也不能也噫執是說也是特人之不能中庸而抑知中庸固有
不可能者在哉凡事可倖獲而中庸不可以倖獲功由涵養輕躁
則疏意本眞誠虛憍則僞大道原無阻人之境第恐行誼不衷乎
正而矯飾之廉節自問難安經術不本性功而貌託之老成閱時
輒改顯以不可能者示天下之極吾甚願人人之法中庸吾殊惜
人人之昧中庸也而純修豈易見今日哉凡事可淺嘗而中庸不
可以淺嘗理異虛無怠荒奚補情難緣飾假託何功至性本有從
入之途特恐喜怒未得天地之和而屋漏大廷必多遺憾戒懼未
底閑存之正而事功性道轉益支離隱以不可能者化天下之浮

吾甚訝人人之輕視中庸吾更望人人之勉就中庸也而至詣豈竟絶人寰哉中庸之能人自勉之愼勿聽其不可而遂已焉則幾矣

本房加批

此題若但言人不能中庸便易走入寬泛文於不可能三字著意自覺發揮切實

取諸人以為善是與人為善者也故君子莫大乎與人為善

徐世昌

以善勸善而善之量大矣夫取人之善而為之於我是即以我之善而與之人也君子為善之量孰有加於此者乎從來善量之宏也不在乎獨秘之精神而在乎大公之志願惟能以天下之善約而成一己之善斯能以一己之善推而勵天下之善其功宏者其量溥夫固非美大聖神之詣不足與於斯也舜之取於人為善是舜之無乎不取者即舜之無乎不與也則欲進論其與必先覆述其取神明之地物我無存擴其量以容天下之善即廣其德以化

天下之人故雅意重裁成而砥節礪名宇宙咸有維新之象劼毖之中機神獨暢抑其志以從天下之人實宏其識以共天下之善故宸衷樂陶淑而類情通德朝野同欽大道之歸取諸人以爲善是與人爲善者也則所以與人爲善者由於取而所以取人爲善者斯即其與也善之量孰大於此哉此非徒示以涵宏也匹夫一節堪傳猶不憚借證朋儕以期其底精純之域是則一鄉有善士鄰里且沐其薰陶也而况動於濬哲之衷也此非矜言其恢擴也修士一端足尙猶必欲參觀倫類以求其臻美備之途是則一室有善人子弟尙需其教育也而况出於温恭之量也故君子用是

兢兢也事必求其可據得一善以反諸我即推一善以共於人觸類自可引伸廊廟之修爲播而爲士民之刻勵善良相感操之有源耳膠庠有剛正之儒而婦孺知名同深感慕朝廷重行修之典而閭閻向化悉泯澆漓君子無日不以善爲克復之功即無日不以善爲推行之利也聖神夫婦道本同源尙其以此爲至善之歸也夫理必求其相通取一善而所與者不止一人與一人而可取者不止一善因勢自能利導君公之修省潛以通愚賤之心思善美所孚措之有具耳廟堂敦氣誼而裁成庶類默以參化育之宏功君相重操修而鼓舞羣倫隱以培國家之元氣君子無時不以

善爲立身之準卽無時不以善爲接物之端也上聖下愚理原一貫尙其以此求衆善之集也夫取善之道不已極乎

本房加批

濼洄水抱中和氣平遠山如蘊藉人文境似之

賦得報雨早霞生得生字五言八韻　　徐世昌

微月迷茫外，當空尚早晴。雨隨晨色報，霞逐曙痕生。風信傳初到，雲容變未成。紅邐花潤塢，赤散綺爲城。天半催詩意，朝來布穀聲。氣將蒸柱礎，彩已上簾旌。澤共農人盼，餐餘海客醒。新詩吟耿句，待漏待蓬瀛。

本房加批

韻語渾成

欽命四書詩題

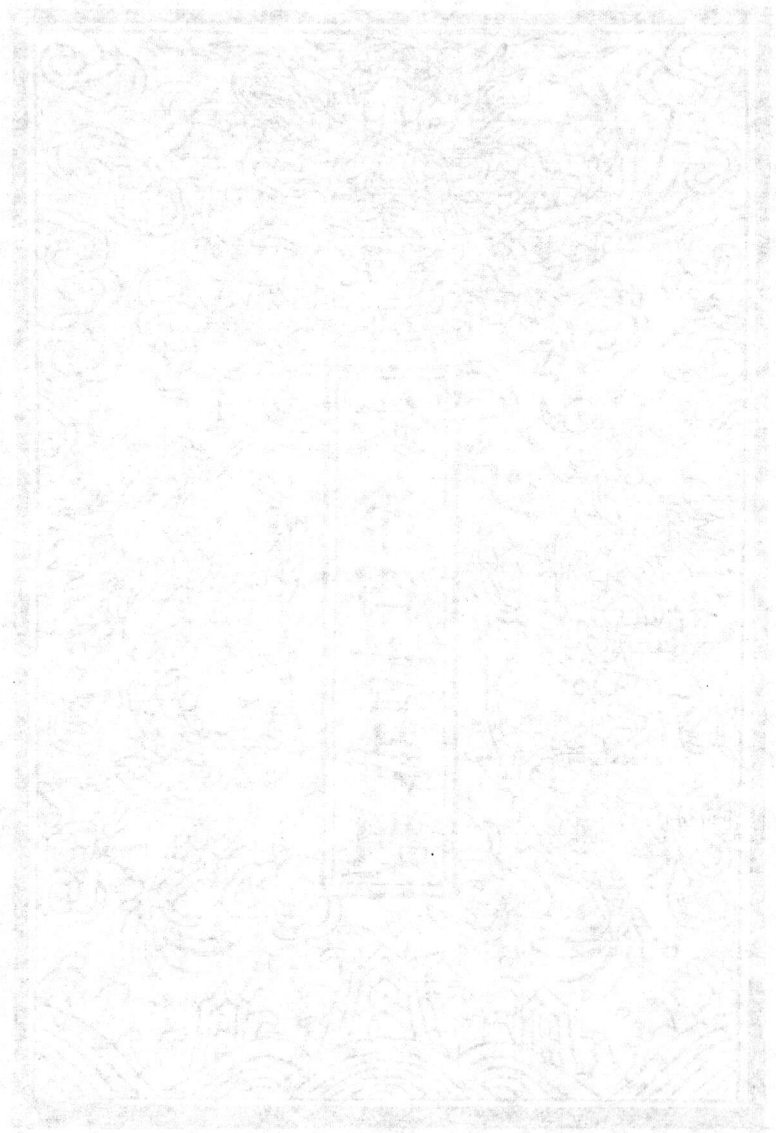

劉學謙

字益齋一字地山號退庵行二又行一
同治甲子年七月初九日吉時生係直
隸天津府天津縣縣學增廣生民籍

始祖儀明永樂年間由山西洪洞縣始遷居天津
二世祖剛明歲貢生
三世祖自孝明庠生
三世祖妣氏傅
四世祖應傑國學生
四世祖妣氏殷
氏王

二世叔祖强
三世胞伯叔祖自賢國學生 自貫
三世嫡堂伯叔祖自富 自珍明庠生
四世嫡堂伯叔祖應選 應告
五世從堂伯叔祖文瑲 文龍貤贈武德騎尉 文任 文會
堂高伯叔祖守嵐 守太貤贈昭武都尉 守玥 守璽國學生 誥封武德騎尉守任國學生 守倉
胞高伯叔祖世英 世達 世偉從九品 世垣誥贈武德騎尉

五世祖文祥例贈修職郎

五世祖妣氏么例贈孺人

氏韓例贈孺人

高高祖岱字建峰國學生例贈修職郎貤贈武德騎尉

高高祖妣氏朱例贈孺人貤贈安人

氏吳例贈孺人貤贈安人

高祖世德字配三國學生貤贈昭武都尉

世憲

堂高伯叔祖德銘 德新 德澄嘉慶辛酉科武舉人己巳恩科武進士欽點衛守備 德滋 德峻國學生貤贈奉政大夫 德溶 德尊 德厚誥贈武翼都尉晉贈武功將軍 德清 德裕誥贈武德騎尉 德

昇 世順 世美 世芳

胞曾伯叔祖曰勳國學生 曰卿國學生貤贈昭武都尉 曰吉國學生議敘六品銜 曰肅候選從九品議敘六品銜

嫡堂曾伯叔祖曰幹 曰坤 曰茂 曰鑅 曰愷 曰福從九品 曰壽從九品 曰交國學生貤封昭武都尉 曰彬候選布政司理問貤封昭武都尉 曰堅 曰林 兆魁譜名曰鼎道光己亥恩科武舉人歷任備津汛把總天津鎮標右營千總敕授武略騎尉 曰魁國學生 曰昇

高祖妣氏高邑庠生諱煜公次女乾隆辛卯科舉人辛丑科會試大挑一等分發河南歷署長葛尉氏武陟夏邑汜水等縣知縣題補伊陽縣知縣調署陝西蒲城麟遊等縣知縣補授保安縣知縣乙卯科河南鄉試同考官諱克三公胞妹處士諱作賓公胞姑母　恩貢生候選州判諱景先公姑祖母道光甲辰　恩科舉人同治乙丑科會試挑取謄錄傳補　國史館謄錄議敘知縣諱善觀公太姑祖母　例贈孺人　貤贈恭人

曾祖曰誠字立修國學生覃恩誥贈奉

曜魁譜名曰貞武庠生軍功議敘六品銜　曰興　曰均貤封昭武都尉

堂曾伯叔祖曰善　曰慶　曰明　曰亮　曰喜　子瑞武庠生　子魁　占魁武庠生　子翔　子鈐　子惠廩膳生　澤永候選從九品誥贈奉政大夫　子陽　子臣　子振　子元從九品　子亭　英魁道光癸卯甲辰科聯捷武進士欽點衛守備咸豐七年由文安千總調海口軍營陣亡蒙　恩賜卹世襲雲騎尉　子青　永慶誥封武翼都尉晉贈武功將軍　永清貤封武翼都尉　永昌貤封武翼都尉

本生胞伯祖光輝字吞楙候選都司誥授昭武都尉貤封武德騎尉

嫡堂伯叔祖光祖　光里從九品　光緒國學生　光庭貢生誥封昭武都尉　光宇國學生貤封昭武都尉　光第國學生　光泰從九品　光甲國學生

厥
直大
夫

曾祖妣氏楊 覃恩貤贈儒林郎晉贈朝議大夫諱有紀公孫女貢生 貤贈朝議大夫諱世蘭公女候選州同知 覃恩誥封儒林郎晉贈朝議大夫諱世安公胞姪女諱毓樑公胞妹國學生諱毓楝公從九品諱毓楷公胞姊附貢生中書科中書加二級戶部四川司主事加一級 欽差大西倉中新倉南新倉海運倉監督癸卯科會試內簾收掌官諱毓機公乾隆己酉科拔貢本科舉人原任甘肅安西直隸州知州歷任西寧衛伏羌永昌等縣知縣署理

從堂伯叔祖景全 景和 景霸 景安 景山 景
泰 景翰國學生 景友 景春 景雲內閣供事 景琛
光來 光得 光元 光才 光裕候選千總 光連
光發 光錫武庠生 光鑑 光銘 光盛 光順貤封昭武都尉 光堂未入流 祺譜名光儀欽加六品銜候選巡檢 光照 光漢 光煥

堂伯叔祖桂芬增廣生 桂芳道光丁酉科挑取謄錄庚子恩科副榜丁未考取八旗教習己酉科舉人補充實錄館謄錄期滿議敘知縣分發山東歷署堂邑肥城定陶等縣知縣題補東阿縣知縣保舉同知直隸州知州用 桂榮 桂森 桂君 桂芝
桂英 桂林 桂榕 桂馨 桂檁 桂蓉
光榮咸豐乙卯科武舉人己未科武進士欽點御前侍衛歷任浙江嚴州府守備台州府象

鹽茶分府丁卯科陝西
鄉試同考官諱毓錦公
嫡堂妹從九品諱景舜
公胞姑母　例贈孺人
覃恩誥
贈宜人
本生曾祖曰哲字明軒誥贈昭武
都尉
本生曾祖妣氏安六品職銜諱天
運公孫女國學生諱恂
公女諱承教公名承貽
公候選從九品議敘五
品銜名承順公諱承通
公胞姊六品銜候補經
制名大光公胞姑母邑
庠生名大椿公嫡堂姑
母旌表節孝　敕封
安人　誥
贈恭人

山營湖州府都司現任定海城守營都司軍功遞
保免補遊擊以參將儘先補用　欽加副將銜
賞戴花翎光甲武庠生光華　光儀　光貴　光宸　光
凱　光棣襲雲騎尉世職候選守備　賞戴藍翎光芝　光佩　光
璧　光睿
胞叔恩培字仲和號滋圃附貢生議敘六品銜學謙受業恩衛字叔毅號秀圃附貢生
恩源字季霖號問泉己卯科舉人　山西大挑知縣
從堂伯叔恩藜從九品誥封武德騎尉恩溥候選都司恩波邑庠生恩義
國學生恩鴻議敘營千總恩浵未入流河工議敘五品銜恩藻議敘未入流
恩頤　恩禧　恩溎　恩瀚幼讀
再從堂伯叔恩隆　恩震　恩陛　恩雄　恩霆　恩
潭從九品恩清　恩濤　恩露　恩注　恩灝業儒恩

三

祖光先 字繼堂候選州同知加二級 覃恩
誥封奉直大夫

祖妣氏張 諱國清公次女 恩賜八品銜 從九品諱永年公胞妹 覃恩誥封宜人

父恩晉 字伯康號越巖廩膳生同治丁卯科 光緒己卯科鄉試房薦

母氏齊 國學生諱鐩公孫女 誥贈朝議大夫廩膳生諱鏡公、誥贈武翼都尉國學生諱鐙公胞姪孫女國學生諱全伸公長女國學生諱全信公候選千總武庠生名全偉公胞姪女 從九品名維齡公胞妹 議敘未入流名維增公

潼 恩沛 恩淋 恩洪業儒 恩洽 恩洞 恩潤

恩沾 恩汀 恩仲 恩如 恩瀾 恩渥

恩成 恩彰 恩宏 恩齡 恩科 恩滙業儒 恩

澍 恩淇 恩綬 恩綸 恩續 恩浴 恩浚

伯叔 恩容 恩榜 恩印 恩佑 恩俊 長發 譜名恩黻

浙江候補千總軍功保奬免補守備以都司用 恩澤國學生 恩渙 恩普

恩濬 恩泉

胞弟學濂 字欣蓮業儒 甲午科舉人

嫡堂弟學龍 學蔡 俱幼讀

從堂兄弟學治 守禦所千總 學錡 議敘未入流 學鐸 業儒 學禮 學

瀛 學楷 學寬 俱幼讀 學聚 學良 學周 學

三

名維先公胞姊咸豐辛
酉科拔貢本科副榜原
任湖北宜城縣知縣前
任新河縣教諭欽加
同知銜諱維昌公
堂妹　例封孺人

重嚴具慶下

祖訓

庭訓

胞叔訓

業師

蕭樞垣太夫子 印聚星 咸豐
戊午科舉人同治辛未
大挑一等分發陝西署
榆林縣知縣題
補雒南縣知縣

俱
顏 幼
堂弟家駟四　家驤　家鳳　家鶴　家鸞　家鳴
家雁　家振　家駒　家玉　學仁　學信　學
晢　學泗

弟學詩　學典　學讓　學鈺

堂姪毓楨 幼

娶李氏 誥贈武德騎尉諱嘉善公孫女　誥封昭
武都尉諱思信公次女守禦所千總諱思謙
公　貤封武德騎尉諱思詮公邑庠生名
思誠公胞姪女守禦所千總名文臺胞妹

子毓瑚 幼

女

高驤亭夫子 印 賡恩 丙子恩科進士翰林院編修 國史館纂修 上書房行走

課師 謹依先後爲序

華竹軒太夫子 印 金壽 同治甲戌科傳臚翰林院編修 武英殿纂修 國史館纂修現任河南學政

王晉賢夫子 印 恩湛 丁丑科進士翰林院檢討

太年伯辛蕉田夫子 諱 家彥 同治甲戌科進士翰林院編修

王雲舫夫子 印 文錦 同治辛未科進士翰林院侍讀 上書房行走

表伯楊香吟太夫子 印 光儀 咸豐壬子科舉人揀選知縣

李鐵梅夫子 諱 嘉端 道光己丑科翰林前安徽巡撫

張幼樵夫子 印 佩綸 同治辛未科進士前翰林院侍講學士署都察院左副都御史

年伯李少荃夫子 印 鴻章 道光丁未科翰林 太子太傅文華殿大學士一等肅毅伯直隸總督

年伯張振軒夫子 諱 樹聲 前兩廣總督署直隸總督

冠九夫子諱如山道光戊戌科翰林前長蘆鹽運使司鹽運使

玉如夫子印額勒精額咸豐己未科進士前長蘆鹽運使司鹽運使

季士周夫子印邦楨同治辛未科進士現任長蘆鹽運使司鹽運使

鄭玉軒夫子印藻如咸豐辛亥恩科舉人前津海關道

周玉山夫子印馥現任津海關道

太年伯劉崑圃夫子諱秉琳咸豐壬子恩科進士前天津河間兵備道

吳香畹夫子諱毓蘭前天津河間兵備道

劉景韓夫子印樹棠前署天津河間兵備道

萬蓮初夫子印培因咸豐己未科進士前天津河間兵備道

胡雲楣夫子印燏棻同治甲戌科翰林現任天津河間兵備道

嚴筱舫夫子印信厚前署天津鹽運分司運同

馬松圃夫子諱繩武前天津府知府
子箴夫子印宜霖前天津府知府
汪子常夫子印守正現任天津府知府
蕭廉甫夫子印世本同治癸亥恩科翰林前天津縣知縣署天津府知府
郭少亭夫子印奇中前天津縣知縣
朱允卿夫子印乃恭同治戊辰科進士前天津縣知縣
陳序東夫子印以培前天津縣知縣
姚鐵山夫子印長齡現任天津縣知縣
受知師謹依先後爲序
祁子禾夫子印世長前順天學政本科會試大總裁朝考閱卷大臣
徐季和夫子印致祥前順天學政

孫子授夫子 印 詒經 前順天學政本科覆試閱卷大臣 朝考閱卷大臣

陳天如夫子 印 序球 壬午科鄉試同考官

孫燮臣夫子 印 家鼐 壬午科鄉試大主考

畢東河夫子 印 道遠 壬午科鄉試大主考

達峰夫子 印 烏拉喜崇阿 壬午科鄉試大主考覆試閱卷大臣

徐蔭軒夫子 印 桐 壬午科鄉試大主考覆試閱卷大臣本科覆試閱卷大臣 朝考閱卷大臣

犢山夫子 印 嵩申 壬午科鄉試監臨本科會試大總裁

周筱棠夫子 諱 家楣 壬午科鄉試監臨

秋坪夫子 諱 景廉 壬午科鄉試覆試閱卷大臣

宗室睦葊夫子 印 瑞聯 壬午科鄉試覆試閱卷大臣

張子青夫子 印 之萬 壬午科鄉試覆試閱卷大臣 殿試讀卷大臣 欽派教習庶吉士

房考

邵汴生夫子 諱亨豫 壬午科鄉試覆試閱卷大臣

席卿夫子 印錫珍 壬午科鄉試覆試閱卷大臣本科會試大總裁

宗室筱峰夫子 印崑岡 壬午科鄉試覆試閱卷大臣本科覆試閱卷大臣 朝考閱卷大臣

許筠菴夫子 印應騤 壬午科鄉試覆試閱卷大臣

張靄亭夫子 諱澐卿 壬午科鄉試覆試閱卷大臣

薛雲階夫子 印允升 壬午科鄉試覆試閱卷大臣本科覆試閱卷大臣 朝考閱卷大臣

許星叔夫子 印庚身 壬午科鄉試覆試閱卷大臣本科覆試閱卷大臣 朝考閱卷大臣

尹朗若夫子 印琳基 癸未科會試同考官

王少湖夫子 印作樞 本科會試同考官

孫萊山夫子 印毓汶 本科會試大總裁

李蘭蓀夫子 印鴻藻 本科會試知貢舉 朝考閱卷大臣

少雲夫子 印烏拉布 本科會試知貢舉 朝考閱卷大臣

宗室篠庭夫子 印福錕 本科覆試閱卷大臣 殿試讀卷大臣

宗室芝舜夫子 印麟書 本科覆試閱卷大臣 欽派教習庶吉士 朝考閱卷大臣

潘伯寅夫子 印祖蔭 本科覆試閱卷大臣 殿試讀卷大臣 朝考閱卷大臣

宗室星齋夫子 印奎潤 本科覆試閱卷大臣

徐頌閣夫子 印郙 本科覆試閱卷大臣 殿試讀卷大臣 朝考閱卷大臣

童薇研夫子 印華 本科覆試閱卷大臣

廖仲山夫子 印壽恒 本科覆試閱卷大臣 殿試讀卷大臣 朝考閱卷大臣

翁叔平夫子 印同龢 殿試讀卷大臣

萬亭夫子 印景善 殿試讀卷大臣

沈仲復夫子 印秉成 殿試讀卷大臣

履

李若農夫子 卯 文田 教習庶吉士

鄉試中式第百五十八名
保和殿覆試
欽定一等第十七名
會試中式第四十名
保和殿覆試
欽定一等第十七名
殿試二甲第六十名
朝考二等第五十名
欽點翰林院庶吉士

族繁不及悉載
世居楊柳青鎮

丙戌科進士

會試硃卷光緒丙戌科

中式第四十名貢士劉學謙直隸天津府天津縣增廣生民籍

同考試官翰林院編修國史館協修加三級王　閱

薦批

大總裁經筵講官工部左侍郎軍機大臣總理各國事務大臣加三級孫　取批

又批　義蘊宏深

大總裁戶部左侍郎兼管三庫事務正白旗滿洲副都統總管內務府大臣加三級嵩　取批

又批　文情綿邈

大總裁經筵講官都察院左都御史加三級祁　取批

又批　吐屬名貴

大總裁吏部尚書鑲白旗滿洲都統加三級錫　中批

又批　氣體高華

本房原薦批

第一場

六轡在手一塵不驚扼題有法詞亦精湛次警切三揮灑自如詩工

第二場

取材富有淹雅宏通

第三場

條對詳明兼有斷制

聚奎堂原批

胎息深醇文心靜細切實詮發題蘊畢宣次三暢達詩佳經藝華贍策典核

子張問行子曰言忠信行篤敬雖蠻貊之邦行矣言不忠信行不篤敬雖州里行乎哉立則見其參於前也在輿則見其倚於衡也夫然後行子張書諸紳

劉學謙

利行在乎存誠賢者因恪守聖訓焉夫忠信篤敬而以參前倚衡持之蓋存誠即利行之本也張之書紳亦善守聖訓哉且吾人涉世所由推行無阻者不在出而問世也但當入而課心擴其心與羣倫相見凡從違之故經歷驗而皆可自明息其心與至道相涵即作止之徵一靜觀而毋容稍肆當夫一堂垂訓而徇物爲心者亦漸知以修己爲心則吾黨之心學也而處世之道貽焉矣聖門

有子張問達以還既聞質直數語問政而後又聆無倦兩言令張也永佩師箴當亦行無不利矣乃猶問行也何哉其襟期闊達謀施措而動欲遠馳但冀遐邇之咸孚焉論機樞之宜飭彼殆未計夫宥密之區貴有眞學業而第挾盛氣而來也子將何以祛其弊焉其器識玄通經薰陶亦漸知自反欲統親疏而胥洽當合坊表以交修彼或有見於糾虔之地貴有眞操持而乃抱虛懷而請也子將何以導其機焉而夫子於是若深慮其輕視行也而故重之謂與情向背皆緣性命爲感通得其道則薄海匪遙失其道則戶庭非邇曰忠信曰篤敬是誠修士良箴也特未識子張能謹奉之

否也且惟恐其急於行也而故緩之謂世故周旋皆與性眞相貫注逐於迹則實功易間會以神則斯道常存日參前日倚衡斯乂儒修精蘊也特未識子張能敬承之否也孰知子張已有得於存誠之旨哉蓋書諸紳云且夫異端之虛寂不足以語師承矣在張也寄情高遠或不免動履之多乖茲何幸函丈提撕早戒其冥情乃爾也大抵處事之要宜外肆乎空談不若內存乎實詣試卽子言以思利弊斯稱感孚之本安敢滴我性情化扞格之形焉用飾入耳日惟是眞修自毖馴致夫卽心呈象之功庶四達可以不悖也戒慄濡御而道不下帶其勿忘此明體達用之規哉且夫俗士

之紛營不足與聞聖教矣在張也徒習威儀亦幾慨施爲之鮮據茲何幸名言詔示竟閑其軼志如斯也大抵制身之準的泛求乎粗迹不若切致乎精思誠卽子言以課密疏將肫摯之天不葆奚難推四海而遥虛憍之漸不開奚至爲一隅所阻但使道念弗離常率乎制外養中之素庶千里可以無違也史監如立而几劍同箴其永奉此崇實黜華之訓哉而子張自此遠矣

本房加批

氣局軒爽詞意精超法密機圓鑪火純青之候

中庸不可能也

劉學謙

極言中庸之難能屬望為尤切矣夫中庸之道世豈遂無能之者然較之為均為辭為蹈則見為不可也子故以之勉人歟且天下有簡易之一途焉其理至正其道至平似盡人所可能者莫是若矣抑知爭自然不爭勉強非徒矜才節之高愈淺近亦愈精深豈漫附化神之目人人可至之境要非人人果至之境雖彼至人所不能至之境仍無由至乎此境蓋相形焉而若或相阻已可均可辭可蹈舉人世所震而驚者而一一能之若此豈尚有難能之事限之以不可能者哉雖然古今來卓絕勳名史筆或不勝錄而獨

至從容皆中之詣即求之千百世而上落落者不過數人此何爲者也宇宙內非常氣誼當代亦不乏人而惟此經權悉協之修即索之什伯輩之中卓卓者會不數覯又何爲者也蓋惟中庸其道具性天之始雖躬未歷當世事而彝良葆斯常德自持一切矯持之端不能冒其事在倫紀之間雖心不役當代名而變化神斯奇功自懋一切偏陂之見不得參而猶曰可能也是必美德所鍾早符乎至明至誠之實而毅然不撓之正氣又有以力絕夫偏私則夫伊周之能均秦雍之能辭龍比之能蹈乃可奉以中庸而無慚也而外此誰當其選也是必純修所括早揭乎惟精惟一之傳而

凜然難犯之大閑又有以預消夫客感則夫季文之未能均舜禹之未能辭微箕之未能蹈亦可居於中庸而無忝也而舍此誰副其稱也於此而驟信爲可能固非所以學中庸也斯道粹美之修望之若無奇及至踐之而難盡矯持而妄語全功終無當渾融之量耳惟即中庸以高其位置縱事理有偶符之一候詎必變動以協其居縱性眞有偶至之一端詎必曲折以歸其分爲適爲莫此義不合大人而得不嚴爲辨哉於此而竟諉爲不能亦非所以體中庸也斯世精純之詣阻人以鑽仰要非絕人以攀躋激厲而自矜畸節或轉無幾及之時耳惟即中庸以勵厥功修太過者俯而

就雖聖人不必其相師不及者仰而幾將獨行不求其可傳無黨無偏此詣自在天壤而胡弗勉而持哉世有能中庸者予日望之矣

本房加批

渾灝流轉一氣相生精切老當無懈可擊

取諸人以爲善是與人爲善者也故君子莫大乎與人爲善

劉學謙

即取以爲與善量之所以大也夫取人爲善斯人自勉於善則取之何非與之也君子之善孰有大於此者乎且獨善與兼善其量固分廣狹也而出自好善之肫懷則獨善即所以兼善蓋集天下之善於一身嘉納殷斯勸綏至即推一身之善於天下闡揚切斯觀感神受之於已仍不啻授之於人而善量之充周遂恢恢乎其莫外焉由側陋而在位皆取人以爲善舜所以成其大者豈徒以已之爲善而取諸人初無與於人之爲善也哉世俗一得之長初

亦鬱而未顯一經有識者從旁採擇遂無不私心竊慰益交勉於無窮謂我而不自琢磨其何以答茲盛意也則當嘉賞有人而仍不克爲前修之畜者非人情也修士偶然之獲非不急欲自明一自持衡者力爲表揚遂無不感激莫名益振興於靡既謂我而稍安駑下幾何不負我知音也則當贊揚不置而猶甘貽末路之譏者又非人情也取諸人以爲善豈先存一與人之見而後取之哉然而詣之是於當境者人與人有攸分理之具於生初者善與善無殊致蓋奮厲之機觸之斯動有所取以彰其是卽有所不取以著其非合智愚而胥荷陶鎔知善氣之感通者廣而秉彝之好生

而皆同有兩相忘者取以來即有兩相需者取以去合爾我而互爲輸納知善心之推暨者宏其取也即其與也然則君子之善孰有大於與人爲善者哉莫大於善意流通合朝野而無間也當虛心採納以還亦祗自宏其輔翼乃涵濡既久遂摹焉相勵以眞誠君子而一善何歸也其賢有德者既懽欣鼓舞而來其愚不肖者亦革面洗心而至以視喜於遷善猶不免己之見存者其氣象固有別矣有獨爲君子之忱即有共爲君子之願斯何如栽成也哉莫大於善機洋溢通物我而無遼也當雅意諮諏而後何嘗有意於感孚乃漸漬既深遂勉焉各神其激勸君子而萬善在抱也其

秀而文者既奮發而敦本然之性其頑而懦者亦愧悔而逃非類之名以視虛以納善猶不免人之見存者其規模又不侔矣既示以不可不善之理復激其不忍不善之心斯何如涵育也哉信乎取善之君子必以大舜爲歸也

本房加批

發揮盡致酣暢淋漓此操之極熟時也

賦得報雨早霞生 得生字五言八韻　　劉學謙

早識爲霖兆，遥空象已呈。預將新雨報，莫混晚霞生。邑變山雲漬，輝餘海日晴。光陰拋鷟影，消息促鳩聲。意欲窺蒼昊，標先建赤城。半天開畫本，一樣助詩情。彩映雌虹界，塵清客騎程。依旬從可卜，佳氣藹蓬瀛。

本房加批

細意熨貼，工雅絕倫。

順天鄉試硃卷光緒壬午科

中式第一百五十八名舉人劉學謙直隸天津府天津縣縣學增廣生民籍

同考試官翰林院編修加三級陳　　　　閲　薦

大考官工部左侍郎毓慶宮行走加三級孫　批　取

又　批　筆傳思清

大考官都察院左都御史兼管順天府府尹加三級畢　批　取

又　批　志和音雅

大考官經筵講官都察院左都御史加三級烏　批　取

又　批　心精力果

大考官經筵日講起居注官翰林院掌院學士太子少保頭品頂戴禮部尚書加三級徐　批　中

又　批　氣鍊神腴

本房原薦批

機暢神流操之極熟次三一律

詩雅

聚奎堂原批

詞筆圓湛次三稱詩諧

子曰雍之言然　劉學謙

許大賢辨簡之言爲行簡者立之準也蓋言出於仲弓卽本其所居所行以爲言也夫子然之行簡者不可知所本乎且儒生無帝王之權而未嘗不可言帝王之道蓋言能盡乎性功者卽言能盡乎事功者也數語揭傳心之本而棄取攸分片辭賅敷洽之全而權衡悉當一時之商推卽百代之裁規其統性功事功而一以貫者聖人亦莫能易其說矣仲弓辨簡於居斯言也衷一是以立論純疵無可强同而統兩說以相稽得失猶難立斷殆實見爲然而未敢遽信爲然乎夫子聞之乃穆然矣手不操尺寸之柄而經綸

既裕要可於坐論發之天德必本危微王道不形疏闊源流之互異何擇焉精而語焉詳也則其言非無據也身雖非鼎鼐之司而施措所宜要可以擬議及之無爲必期恭己庶事端在清談法戒之昭垂何辨之明而信之篤也則其言大可風也子曰有是哉雍之言敬也若此雍之言簡也若此殊令吾深長思之而卒無以易其言也想雍也函丈談心祇自寫淵衷之惕厲縱寄懷獨遠立言不囿時趨而可信者猶若可疑敢謂偶爾敷陳足括千古盛衰之準而吾也一堂寂處每不忘廊廟之憂勤乃傾耳無違聞言宛符素願則有論者亦復有要即此偶然論定已探萬世治忽之原雍

之言不其然乎夫然而古治已遥可以是言追焉述典謨之語首重幾康誦雅頌之文特詳基命極萬言之鋪張揚厲總不外兢業之懷不謂雍已統會其旨也信如是言進而敷奏大廷何事別上治安之策退而空談一室亦可隱賅官禮之精片言其居要也世有抗懷而稽往訓者吾將以是言參之夫然而末流積習可以是言挽焉尚淸淨者無實功弊成廢墜講制作者多變法患啟紛更極摹言之旨衍支離誰復識恪恭之義不意雍且隱過其流也信如是言爲治功別眞僞知苟安非經世之謨爲儒術辨隆污知脱略非持身之訓要言其不煩也世有侈口而談汾穆者吾願以是

言譬之然則雍之可使即於雍言決之可也

本房加批

不矜才不使氣機神動盪自能曲暢題情出色當行斷推此種

日省月試既稟稱事所以勸百工也

劉學謙

課其功並均其食勸工之道得矣夫省試不勤則工有逸志既稟不當則工無奮心爲詳其制不可知勸工之道乎嘗觀郅隆之世考工且訂爲成書餼工亦分其差等非作而致也不可寬者歲月爲良爲楛胥視功能不可濫者恩膏或嗇或豐悉關法戒嚴之以考察實隱寓以陶成古聖王所由羣材畢集而衆力兼收者此道得焉爾試進言來百工之事既擅長而來府肆孰得少懈夫經營特惜筋力者賤役之情督之則勤而寬之則惰設非隨時加察幾何不舍業而嬉也則撫此屬諸果何以舉良箕良冶之儔而厥功

弗嫺業執技而隸有司自當徧加以恩惠特較錙銖者庸愚之見任勞則讓而論賞則爭設非如量以償幾何不冒功而食也則酬爾拮据果何以統歸籠歸林之衆而廩祿維均維日與月可不省且試平輪人造轂陰養而陽齊弓匠備材春膠而冬幹本就將之序以課實功是卽大采小采之精心而推之彌廣者也蓋八材是飭宸念周焉矣維旣與稟可不稱其事乎典枲典絲詔糈有定式司角司羽書等有明文準上下之程以垂定額是卽馭富馭貧之遺意而劑之使平者也蓋一藝雖微君恩溥焉矣然則百工之勸不自有所以哉是有分致其勸者焉使不防玩愒於天時則精神

奚以振使不責盈虛於人力則賞罰奚以明經畫有弗周豈無良工竊恐其退然阻耳惟分以勸之無所蒙斯無所曠朝稽夕究而作僞之漸不得開無過吝亦無過奢益寡裒多而游食之徒不得進迨至鄭刀魯削咸鼓舞以答聖天子之裁成人第見百工之勤於效功也而豈知分而相勸者固早垂成憲哉且有合用其勸者焉繩以法不加以惠良匠或來枵腹之嗟均其賜不督其功拙工焉有蓋愆之候陶成有未善維彼羣工終不克勃然興耳惟合以勸之攻金攻木準其程有課最之條而後酬庸爲不濫繼粟繼肉廣其惠有償勞之典而後考績爲不虛迨至垂矢和弓咸踴躍以

成我國家之制作人皆謂百工之樂於奉上也而豈知合以爲勸者固自有常經哉此來百工之事也

本房加批

筆端鋒發舌底瀾翻文入妙來無過熟此爲近之

伯夷聖之清者也伊尹聖之任者也柳下惠聖之和者也

劉學謙

有主乎一偏者三聖所同也夫清如夷任如尹和如惠其詣雖偏要各造乎聖也故孟子先論及之且吾學中有聖之一途似非扭於偏者所得企矣不知各有所偏亦各臻其極蓋得力擅專長獨行自高千古斯品評垂定論一節可概終身皎然者節之貞毅然者責之重藹然者量之宏居今日以論先民覺其類各有不同而其心皆莫可易己吾蓋歷觀於伯夷伊尹柳下惠之爲人而有以定其品矣古今來夐絕功能皆性道之精微所蘊不形孤介自足

振民不侈勳名自足翼世不矜寬大自足容人核全量以定主名豈惟壹意孤行遂可概以化神之目宇宙間非常品概類山川之靈秀所鍾得其嚴凝是爲氣節得其俊偉是爲才猷得其溫柔是爲度量執一端以窺曩哲殊覺縱心獨往已各造乎至極之程以觀三子清也任也和也皆聖也分而論之清者自清任者自任和者自和固聖之獨至者也合而觀之清者不能任任者不能和和者不能清又聖之偏至者也夫豈無故以致此哉其賦質互勝於陰陽遂狃於性之所安以獨伸素抱故一於清則黃農爲伍一於任則唐虞爲志一於和則叔季爲儔持一成不變之衷卽勢異世

乘不論其素其寄託皆超乎羣衆又由其情之所近以卓立塵寰故清之至則北海可逃任之至則西亳可興和之至則東魯可處表見乎莫加之詣卽風微人往如見其心吾且爲三子借焉使夷不一於忘世奚以清名尹不專於用世奚以任著惠不忍於玩世奚以和稱顧乃雅範所存不免偏端之據形迹其安可融乎迨於今遺澤遙矣而市廉者矯躁進者輕模棱者媚竊古人之似轉以亂古人之眞是固三子所念不到此者也落落孤蹤尙論能無遺憾哉吾更爲三子幸焉使夷不足以有守烏得云清尹不足以有爲烏得云任惠不足以有容烏得云和顧乃芳徽所接各成無上

之修師資不賴以立乎迄於今高風渺矣而忠孝有詞阿衡有訓慈惠有銘讀古人之書猶得見古人之志當亦三子所心焉自慰者也遥遥千古至行能有幾人哉若孔子之聖則非三子所可及矣

本房加批

語不犯實思不欲凝官止神行具有得意疾書之樂

賦得松風含古姿 得松字五言八韻 劉學謙

繪出湖邊景臨風獨撫松奇姿含颯爽古色鬱蔥蘢琴譜新翻曲鍼藏不露鋒傳神宜舞鶴作勢欲蟠龍黛影搖涼月清標秀遠峯濤餘空際籟雲抱舊時容畫意添幽壑流音挾暮鐘常依溫樹近託植沐

恩醲

本房加批

思清才豔雅韻欲流

欽命四書詩題

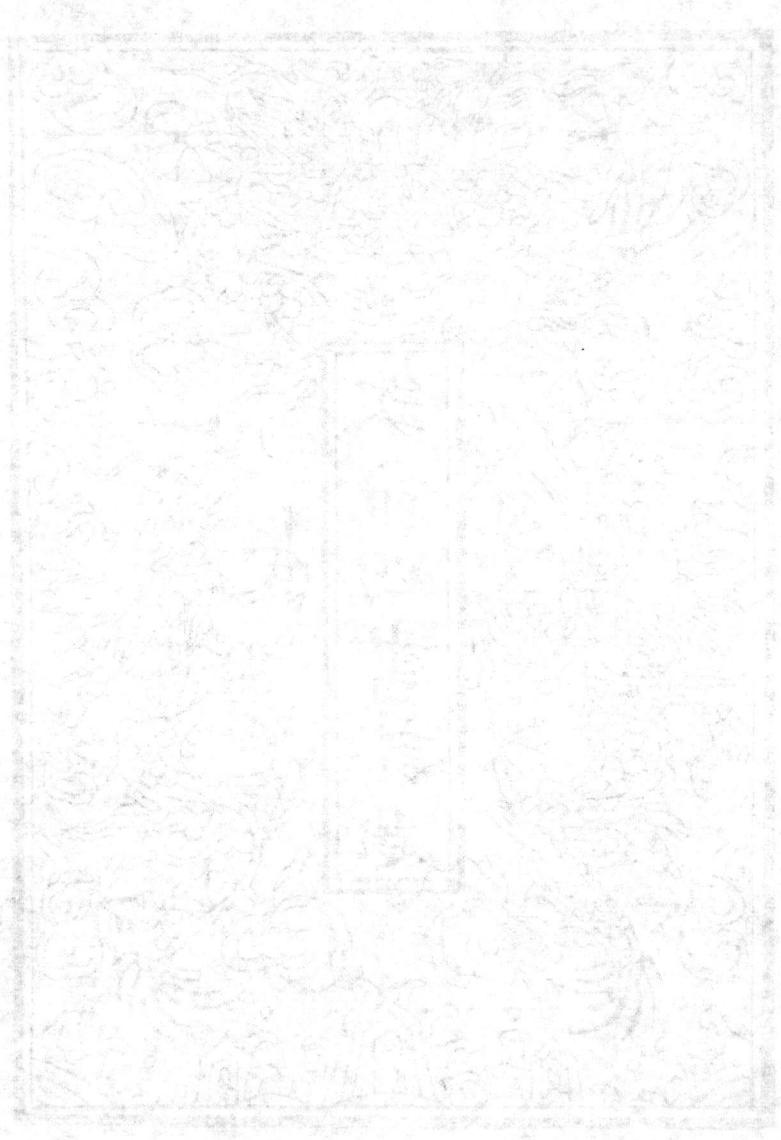

劉彭年

字壽籛號信庵一號性庵行二咸豐丁巳年十月初三日吉時生係直隸天津府天津縣府學附學生民籍內閣中書

始祖萬選前明辛巳科舉人候選教諭

二世祖應朝布政司經歷敕授承德郎

三世祖宗萬廩貢生候選訓導 誥封武功將軍

四世祖存智廩貢生候選訓導 誥封武功將軍

四世祖妣氏楊夫人 誥封

四世伯叔祖存仁國學生 存義 存禮 存信邑庠生

高伯叔祖廷琇國學生 廷璐候選從九品 廷珅 廷琯附貢生

嫡堂高伯叔祖栻邑庠生 楷國學生 模國學生 槐國學生 植國學生

桂國學生

胞高伯叔祖夔龍武庠生候選衛千總 貤封武功將軍 沖霄乾隆庚子科武舉甲辰科進士 殿試三等侍衛歷任湖南常德提標前營守備署古丈坪營都司陞靖州營都司署綏甯營遊擊黃傘營遊擊陞武岡營遊擊宜章營參將寶慶協副將署鎮筸鎮總兵永州鎮總兵 誥授武功將軍

高高祖廷璽字卞玉乾隆乙卯科舉人 誥封武功將軍
高高祖妣氏陳 誥封夫人
高祖耀墀字丹序候選布政司理問 敕授承德郎 貤封武功將軍
高祖妣氏楊 敕封安人 貤封夫人
曾祖開第字容驪 誥封昭武都尉
曾祖妣氏房 誥封恭人
祖彥題字月樵 誥封昭武都尉翰林院庶吉士加三級 貤封奉直大夫
祖妣氏李 誥封恭人

從堂曾伯叔祖紳之廩貢生候選訓導 萱之 勳之 儉之
紹烈 成之 澍 超天津鎮標把總軍功六品藍翎 湘 瑛
嫡堂曾伯叔祖紹勳邑庠生陝西安定縣典史代理安定縣知縣 紹謨國學生
紹彤武庠生候選衛千總 誥封中憲大夫 晉封中議大夫 紹業候選從九品
胞曾伯叔祖宇清 春第附貢生 紹言武庠生江南鳳常鎮領運千總 誥授武德騎尉 吉第 誥封武德騎尉
再從堂伯叔祖永泰 永慶 永清 錫恩 毓濤議敘從九品
蔭甲 蔭元 蔭斌 蔭棠 蔭豐 蔭科
蔭棣 蔭緒 錫元
從堂伯叔祖錫齡國學生 錫棨國學生 錫章候選從九品 錫爵
錫九廩貢生咸豐戊午科舉人甲寅科考取教習補鑲藍旗官學漢教習三年館滿引見奉

父臻銳字育湖候選守禦所千總欽加都司銜誥授昭武都尉翰林院庶吉士加三級誥封奉直大夫

母氏丁恭人誥封

嚴侍下

庭訓

受業師

華西園夫子印盤廩膳生

年伯陳稚山夫子諱錫慶同治壬戌恩科舉人辛未科考取覺羅官學漢教習候選知縣

、旨以知縣用選湖南郴州直隸州興甯縣知縣以直隸州歷用欽加四品銜丙子科湖南鄉試同考官

錫朋所千總 錫祺候選守禦所千總

嫡堂伯叔祖綸書 彬 承蔭 維城國學生貤封武德騎尉敕封文林郎 維翰候選守禦所千總誥授武德騎尉敕封文林郎

再從堂叔嘉寶 嘉鳳 嘉級 嘉鈔 嘉璠 士鑾 士斌 士宴

從堂叔寶樞 寶樹業儒 寶興候選從九品 嘉珍國學生光緒十一年津防保案五品銜 嘉琳附貢生 嘉璞國學生 嘉瑞邑廩生 嘉珩幼殤 嘉璋幼讀 嘉琨幼讀 嘉琚幼讀 嘉珣幼讀

嫡堂叔瑞章 瑞金 祐宸 嘉琛郡廩生光緒乙酉科舉人 嘉琦郡庠生光緒壬午科舉人候選國子監學正學錄

表叔陳竹卿夫子印法籙咸豐辛酉科舉人同治壬戌科考取宗學漢教習五品頂戴候選知縣現任大名府東明縣教諭

表姊丈黃星翹夫子印耀奎光緒乙亥恩科挑取謄錄壬午科解元丙戌科進士浙江即用知縣戊子科浙江鄉試同考官

陳挹爽夫子印塏咸豐辛酉科舉人同治壬戌科考取宗學漢教習選授廣東和平縣知縣調授潮陽縣知縣

再從堂兄弟金粱　金桂　金奎　金榜　金鼇　耆年

從堂弟鶴年幼殤惠年幼讀福年幼讀

胞兄延年字挹珊候選從九品

胞弟熙年字鶴亭邑庠生

娶莊氏

子式訓業儒式玉幼殤式中幼讀出嗣胞弟熙年式和幼

女二

胞姪式穀幼讀式曾幼

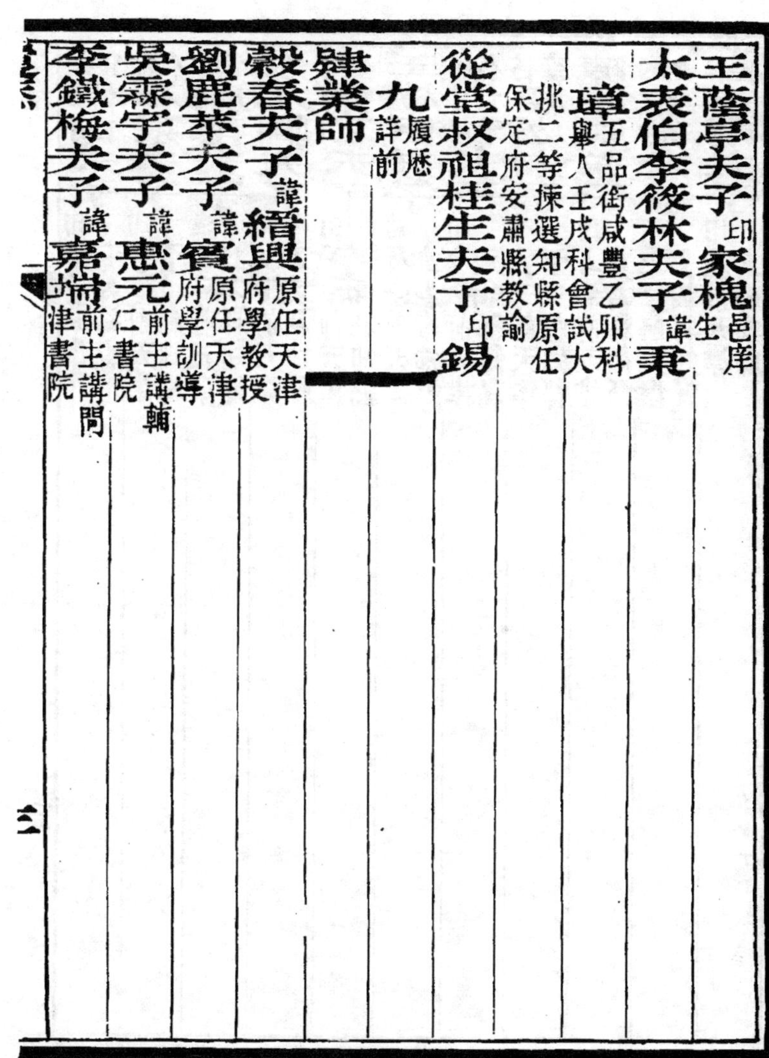

王蔭亭夫子印家槐邑庠生

太表伯李筱林夫子諱秉璋五品銜咸豐乙卯科舉人壬戌科會試大挑二等揀選知縣原任保定府安肅縣教諭

從堂叔祖桂生夫子印錫九履歷詳前

肄業師

穀眘夫子諱續興原任天津府學教授

劉鹿苹夫子諱賓原任天津府學訓導

吳霖宇夫子諱惠元前主講輔仁書院

李鐵梅夫子諱嘉端前主講問津書院

歷屆

錢修白夫子 印敏 前天津縣知縣

任石泉夫子 印爾會 前天津縣知縣

蕭廉甫夫子 諱世本 前天津縣知縣

朱允卿夫子 印乃恭 前天津縣知縣

劉潤之夫子 印亨霦 前天津縣知縣

王樸臣夫子 諱炳燮 前天津縣知縣

何劍秋夫子 印承緒 前天津縣知縣

郭紹庭夫子 印奇中 前天津縣知縣

陳序東夫子 印以培 前天津縣知縣

姚鐵珊夫子 印長齡 前天津縣知縣

宮玉甫夫子 印昱 前天津縣知縣

三

孫筱坪夫子 印 錫庚 現任天津縣知縣

陳襄夔夫子 諱 錫麒 前天津府河防同知

吳曉倉夫子 印 中彥 前天津府河防同知

程質齋夫子 諱 廸華 前天津府河防同知

佩如夫子 印 裕綸 前天津府河防同知

馮少芝夫子 印 清泰 現任天津府河防同知

沈松亭夫子 印 丞泉 前長蘆鹽運分司

嚴筱舫夫子 印 信厚 前長蘆鹽運分司

馬松圃夫子 諱 繩武 前天津府知府署長蘆鹽運使司鹽運使

恒筱山夫子 諱 桂孫 前天津府知府

萬子和夫子 諱 年豐 前天津府知府

子鋆夫子 印 宣霖 前天津府知府

汪子常夫子 印 守正 現任天津府知府

劉崑圃夫子 諱 秉琳 前天津河間兵備道

吳香畹夫子 諱 毓蘭 前天津河間兵備道

盛杏蓀夫子 印 宣懷 前天津河間兵備道署津海關道

壽泉夫子 印 裕長 前天津河間兵備道

劉景韓夫子 印 樹堂 前天津河間兵備道

萬蓮初夫子 印 培因 前天津河間兵備道

胡雲楣夫子 印 燏棻 現任天津河間兵備道

陳子敬夫子 印 欽 前津海關道

黎召民夫子 印 兆棠 前津海關道

丁樂山夫子諱壽昌前天津河間兵備道陞津海關道

鄭玉軒夫子印藻如前津海關道

周玉山夫子印馥前津海關道署長蘆鹽運使司鹽運使

劉薌林夫子印含芳前津海關道

劉獻夫夫子印汝翼現任津海關道

覺羅子鶴夫子印成孚前長蘆鹽運使司鹽運使

祝爽亭夫子諱塏前長蘆鹽運使司鹽運使

林綬卿夫子印述訓前長蘆鹽運使司鹽運使

冠九夫子諱如山前長蘆鹽運使司鹽運使

季士周夫子印邦楨前天津河間兵備道陞長蘆鹽運使司鹽運使

賀幼甫夫子諱長楨前長蘆鹽運使司鹽運使

歷

玉如夫子 印 額勒精額 前天津河間兵備道現任長蘆鹽運使司鹽運使

年伯張振軒夫子 諱 樹聲 前兩廣總督署直隸總督

年伯李少荃夫子 印 鴻章 現官直隸總督文華殿大學士

受知師

錢湘吟夫子 諱 寶廉 原任刑部左侍郎前順天學政

鄭定軒夫子 諱 從矩 原任禮科給事中丙子科順天鄉試同考官

宗室芝庵夫子 印 麟書 現官刑部尚書丙子科順天鄉試正考官本科 朝考閱卷大臣

夏子松夫子 諱 同善 原任兵部右侍郎丙子科順天鄉試正考官

殷譜經夫子 諱 兆鏞 原任戶部左侍郎丙子科順天鄉試正考官

華峰夫子 諱 魁齡 原任工部尚書丙子科順天鄉試正考官

王竹軒夫子 諱 炳 原任翰林院編修丁丑科會試同考官

王益吾夫子印先謙前官國子監祭酒庚辰科會試同考官
劉次方夫子印綸襄現官掌河南道監察御史本科會試同考官
廖仲山夫子印壽恆現官禮部右侍郎本科會試大總裁　朝考閱卷大臣
潘伯寅夫子印祖蔭現官工部尚書本科會試大總裁　殿試讀卷大臣　朝考閱卷大臣
宗室後峰夫子印崑岡現官工部尚書本科會試大總裁　朝考閱卷大臣
李蘭孫夫子印鴻藻現官禮部尚書本科會試大總裁　殿試讀卷大臣
年伯徐蔭軒夫子印桐現官吏部尚書協辦大學士本科覆試閱卷大臣　殿試讀卷大臣
廊卿夫子印錫珍現官吏部尚書本科覆試閱卷大臣
翁叔平夫子印同龢現官戶部尚書本科覆試閱卷大臣　朝考閱卷大臣教習庶吉士
達峰夫子印烏拉喜崇阿現官兵部尚書本科覆試閱卷大臣
許星叔夫子印庚身現官兵部尚書本科覆試閱卷大臣　殿試讀卷大臣　朝考閱卷大臣

履歷

積山夫子印 嵩申 現官理藩院尚書本科覆試閱卷大臣 朝考閱卷大臣

宗室吟濤夫子印 松森 現官都察院左都御史本科覆試閱卷大臣

祁子禾夫子印 世長 現官都察院左都御史本科覆試閱卷大臣 殿試讀卷大臣 朝考閱卷大臣

薛雲階夫子印 允升 現官刑部左侍郎本科覆試閱卷大臣 殿試讀卷大臣

孫子授夫子印 詒經 現官戶部左侍郎本科覆試閱卷大臣 殿試讀卷大臣

朗軒夫子印 寶昌 現官禮部右侍郎本科覆試閱卷大臣 朝考閱卷大臣

汪柳門夫子印 鳴鑾 現官工部左侍郎本科覆試閱卷大臣

露圃夫子印 恩承 現官東閣大學士本科 殿試讀卷大臣

張子青夫子印 之萬 現官體仁閣大學士本科 朝考閱卷大臣

年伯許筠庵夫子印 應騤 現官吏部左侍郎本科 朝考閱卷大臣

沈叔眉夫子印 源深 現官都察院左副都御史本科 朝考閱卷大臣

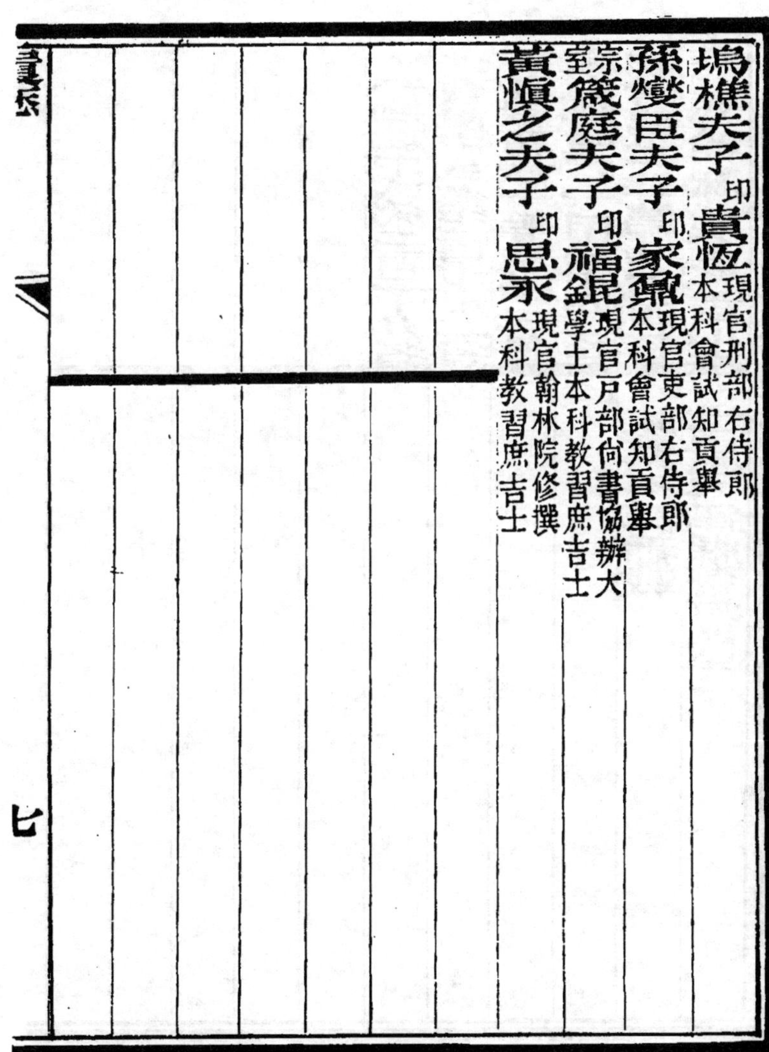

塢樵夫子 印 貴恆 現官刑部右侍郎 本科會試知貢舉

孫燮臣夫子 印 家鼐 現官吏部右侍郎 本科會試知貢舉

宗室 箴庭夫子 印 福錕 現官戶部尚書協辦大學士 本科教習庶吉士

黃慎之夫子 印 思永 現官翰林院修撰 本科教習庶吉士

履歷

丙子鄉試中式第一百二十九名
會試中式第二百七十二名
保和殿覆試一等第十三名
殿試第二甲第四名
朝考第二等第九十四名
欽點翰林院庶吉士

族繁不及悉載
世居天津縣襟河門內

會試硃卷 光緒己丑科

中式第二百七十二名貢士劉彭年直隸天津府天津縣府學附學生民籍

同考試官掌河南道監察御史加三級劉 閲

薦批

大總裁禮部右侍郎總理各國事務大臣加三級廖 批

取批 義精詞湛經策詳明

大總裁經筵講官太子太保頭品頂戴工部尚書管理火藥局溝渠河道八旗官學大臣 會典館副總裁兼管順天府尹 南書房行走加三級潘 批

取批 氣盛言宜經策華贍

大總裁經筵講官工部尚書正藍旗漢軍都統管理戶部三庫事務光祿寺宗室覺羅官學稽察右翼宗學京通十七倉會同四譯館對引管理左翼操大臣加三級崑 批

取批 興高采烈經策宏通

大總裁太子少保 武英殿總裁 玉牒館副總裁禮部尚書加三級李 批

中批 機暢神流經策淹雅

本房原薦批

精神團結詞旨穩鍊次三亦有發揮

詩工經藝斟酌飽滿具見工力五策

繁稱博引兼有斷制

聚奎堂原批

考据明確筆亦清剛次三暢達詩雅

子曰行夏之時乘殷之輅服周之冕樂則韶舞

劉彭年

法四代以爲邦禮具而樂備矣夫制禮不宗三王則禮不具作樂不崇虞帝則樂未備時輅冕樂爲邦者其法之且異世不襲禮殊時不沿樂帝王御宇孰不改正朔異器械辨服色攷宮商一新天下之耳目哉不知制度音容累朝各極一時之盛而斟酌損益數言直括四代之全儒素敢言創造而成憲幸可遵循萃列聖之精神卽不啻一人之制作也夫子因舉以告顏淵曰爲邦之道禮樂其大端也夫禮樂果何昉哉皇古不垂紀歲之文大撓容成履端

首傳甲子至若飛蓬觀象法創軒轅充纊爲儀制追黃帝而攷訂稍嫌荒渺究不若王朝禮制猶能參因革於明堂上世亦重伶官之掌扶徠鼈尾律呂略備宮懸下至六英定聲製稱帝嚳大章用奏譜出唐堯而引据未盡詳明終不若虞氏樂章猶可問笙鏞於故府一日時時之義釋期謂其各應節期也試思年終爲首陽氣猶潛日至爲元歲功未正而惟此建寅之月適符乎虞書敬授之言於以行之三月參伏四月昴見如披小正一冊爲一日輅輅之音通路謂其行於道路也試思輴欙稱名簡而近陋玉金爲飾侈而易彫而惟此木路之堅且遠勝有虞鸞車之造於以乘之列祖

八鑾武王十乘如讀商頌五篇焉至於冕則周爲宜冕之言俛有俛伏致恭之訓焉夫虞之名皇夏之名收殷之名冔遺制雖存類難免無文之誚以周之冕服之裔皇典麗聿揚五色之光華鷩衣九旒毳衣七旒弁師其掌之哉若夫樂則韶爲貴韶之言紹有紹堯出治之義焉夫夏曰大夏殷曰大濩周曰大武德音各異終難副觀止之稱以韶之樂舞之揖讓雍容恍接兩階之干羽剛而無虐簡而無傲典樂其命之哉夫惟五行順而協天紀五就明而符地道五采繅而煥人文五絃揮而和神聽舉尚忠尚質尚文尚德之權衡至當一參以儒生之論訂而制禮作樂不啻綜羣聖而集

大成有王者起必來取法已且也九疇錫而月吉懸九圜式而皇路遵九章飾而朝儀肅九成奏而庶事康舉正始正軌正色正音之調劑咸宜一準以先代之治功而帝典王謨不難起章布而傳心法如有用我其爲東周乎然而爲邦尚有當戒者在

本房加批

遒整研鍊字向紙背皆軒昂

取人以身脩身以道

劉彭年

本身以取人而身宜範以道矣夫脩身不專爲取人而人之取卽以之欲脩其身舍道奚以哉且人君不識道自已而徒欲得英才而用之雖日事要結無當也惟本道以資觀感羣材之契合有眞亦本道以樹儀型一已之幾康用飭古聖王知廷僚愼簡端在躬行黼座綏猷不離倫物蓋其挾持者素已爲政在人人固道備於身而脩家以獻之廷者也然則取之奚以哉拔擢原大廷切要之圖況庶務紛乘勢豈容遺以淡漠顧何以深居簡出未嘗播好士之名而人之挾策而前者若不憚委贄登朝出而作蒼生霖雨知

宸衷之審擇者精也汲引本主極難寬之責況萬幾分理事豈得
閒以遲疑顧何以端拱無爲未聞下求賢之詔而人之及鋒而試
者苦不難策名筮仕起而賡殿陛星雲知聖躬之感召者神也取
人以身人非身無以取則身之當脩也明甚身非道無以脩則道
之當以也明甚身繫人材之進退人愈重身愈難輕乃或訪求未
深欲以無術之躬欺英豪之耳目人將議其道之失矣矢懋勉以
建皇猷而後薄海觀型賢與才樂效馳驅小與大咸殷拜獻身與
道體相維持道愈尊身亦愈貴乃或持循無具欲以强合之迹示
表率於臣隣人又議其脩之缺矣盡彝倫以端主範而後深宮懋

德律度首羣倫而飭藻火載精意俱流脩身以道有斷然者爲開創之身非脩無以啟後爲守成之身非脩無以承先爲中興之身非脩無以撥亂而反正身所在即脩所在道貴體之於先焉道散於萬事萬物脩之而獨攬大綱道寄於一動一言脩之而不遺小節雖宸躬兢業似不因取人而始慎操持而念茲在茲釋茲在茲早以慎修樹羣賢之模範是誠克艱厥后矣我觀多士克生而於穆文王猶懍緝熙之學非脩省之明徵歟以身正朝廷非脩何以建中以身正百官非脩何以馭下以身正萬民非脩何以整躬而率物身無虧即脩無虧道貴持之於久焉道足以範皇躬脩之而

圭璋植品道足以式王度脩之而金玉垂型縱主德清明或念及取人而倍嚴刻厲而無偏無陂無偏無黨卽以敬脩致良士之景從此眞建其有極矣我觀十人同德而仰維昭考尙守敬勝之箴非德脩之實驗歟然而脩道又非無所以也

本房加批

藻耀高翔文筆鳴鳳

曰子不通功易事以羡補不足則農有餘粟女有餘布子如通之則梓匠輪輿皆得食於子

劉彭年

無鑒不通之弊而求其通曲藝且得食矣夫不行通易之法不足由補矣鑒不通而求通曲藝不且得食乎且專業者之不能兼業也不能兼業將執我之業取資於彼卽執彼之業仰給於我凡以求其通而已失其通則業雖勤而不遑自給矣得其通則業雖細而皆足自贍矣雖物產之微物曲之末而交病與交利遂相形而見焉獨奈何論事之不覯其通也無事而食不可揣其意似謂傳食者無所事也如其言則凡有事者皆得食也孟子曰子知有通

之之說乎盈虧者天道之易造物原難劑之使平苟不爲之通其權姑無論經法攸關即男女耕織之常將不免或有或無顯留閭閻之鉅患優絀者人事之恆君相豈能遽彌其憾苟不爲之通其變且無論綱維攸繫即日用衣食之細亦難免見多見寡重貽黎庶之隱憂是不知通也是不知易也是不知以羨補不足也農與女不幾徒羨粟與布不徒有餘乎雖然不知不通之弊殆未思通之之利也子如懲目前之壅塞翻然爲截長補短之謀向也兩相窮今也交相濟懋遷悉任其自便下至般垂末技亦將舍哺鼓腹執繩尺而各奏爾能子如鑒已往之拘牽變而爲挹彼注茲之計

無事則不擾有急則相需轉移一聽其自然即在操作細民莫不樂業安居抱器藝而咸思自效梓匠也輪輿也其得食於子者非以通功而易事哉周初有職事之須矣想四民各安其業孰得以無事自廢而卒歲優游使徒見手足之勤劬其事可以資鞠養則耕桑訂譜固百年食報之常即隸職於冬官亦見小人之生計飭材於列肆具徵善政之養民子殆謂得食如斯其利固已溥乎我國家垂奠食之經本詔事以為準則事愈重而報愈厚天下事可一例視也所惜者子見之未宏耳周官有世事之教矣雖六職各異其歸亦孰能以無事自安而終身溫飽使徒見技能之表著其

事可以贍身家則絲粟告成固數口食貧之助即考工而專攻木自不愧稟餼之須歌詩而效伐檀始得免素餐之誚子亦思得食如是其遂不又隘乎在朝廷垂均食之典本稱事以為權衡事愈善而資愈優天下事可同日語也所望者子念之善轉耳而奈何不知所尊哉

本房加批

仰承俯注氣合神迴熟極而流之候

賦得馬飲春泉踏淺沙 得泉字五言八韻　　劉彭年

不到長城窟春郊試馬天踏沙過淺瀨飲水得清泉一白江
隄護殘紅石磴穿蹏翻鋊草短齒漱淚花圓川遠疑鯨吸灘
深讓鷺眠狂奔徐浩筆遲著祖生鞭柳陌塵侵鐙蘋波月上
韝

液池承
渥澤翔步快鑣聯

本房加批

秀氣成宋雅韻欲流

陳澤霖

字雨人號瀲僉行一咸豐丙辰年七月初七日
吉時生直隸天津府天津縣府學廩膳生民籍

高祖諱崑 例贈文林郎
高祖妣氏李 例贈孺人
曾祖諱廷槐 例贈文林郎
曾祖妣氏張 例贈孺人
氏倪 例贈孺人
祖諱永年 候選從九品教授登仕佐郎
例贈文林郎
祖母氏王 例封孺人

胞弟澤寰 澤焴
娶翁氏
子厚畬 厚彝
女二

履歷

父諱錫慶同治壬戌恩科舉人覺羅官學漢教習揀選知縣敕授文林郎

母氏李敕封孺人軍功議敘七品銜諱芳林公胞姪女敕授儒林郎公女誥封奉直大夫諱芳霰公女武庠生諱連城公嫡堂妹武道光己酉科謄錄鑲黃旗官學漢教習差滿議敘六品銜諱廷珍公歲貢生候選訓導印廷琛公胞妹邑庠生名維章嫡堂姑母廩膳生名烱章邑庠生名耀章從堂姑母

重慈慈侍下

庭訓

業師

丁朗齋太夫子諱琪道光甲辰恩科舉人歷任阜城高陽等縣訓導

李竹村夫子印錫朋同治辛未科進士現任河南獲嘉縣知縣

課師

祝爽亭太夫子諱堃前署長蘆鹽運使

陳襄甕夫子諱錫麒前任天津河防分府

張劭樵夫子印佩綸前主講問津書院學海堂

李越縵夫子印慈銘主講問津書院學海堂

肄業師

沈雲巢夫子謚文和前主講輔仁書院

辛蕪田夫子諱家彥前主講輔仁書院

王雲舫夫子　印文錦　前主講輔仁書院

楊香吟夫子　印光儀　主講輔仁書院

李鐵梅夫子　諱嘉端　前主講問津書院

黃在桐夫子　印國璕　前主講問津書院學海堂

蕭麗甫夫子　諱世本　前任天津縣知縣

任石泉夫子　印爾會　前任天津縣知縣

王樸臣夫子　諱炳燮　前任天津縣知縣

劉潤之夫子　印亭霖　前署天津縣知縣

張轂門夫子　印振棨　前署天津縣知縣

何劍秋夫子　印承緒　前署天津縣知縣

郭紹庭夫子　印奇中　前任天津縣知縣

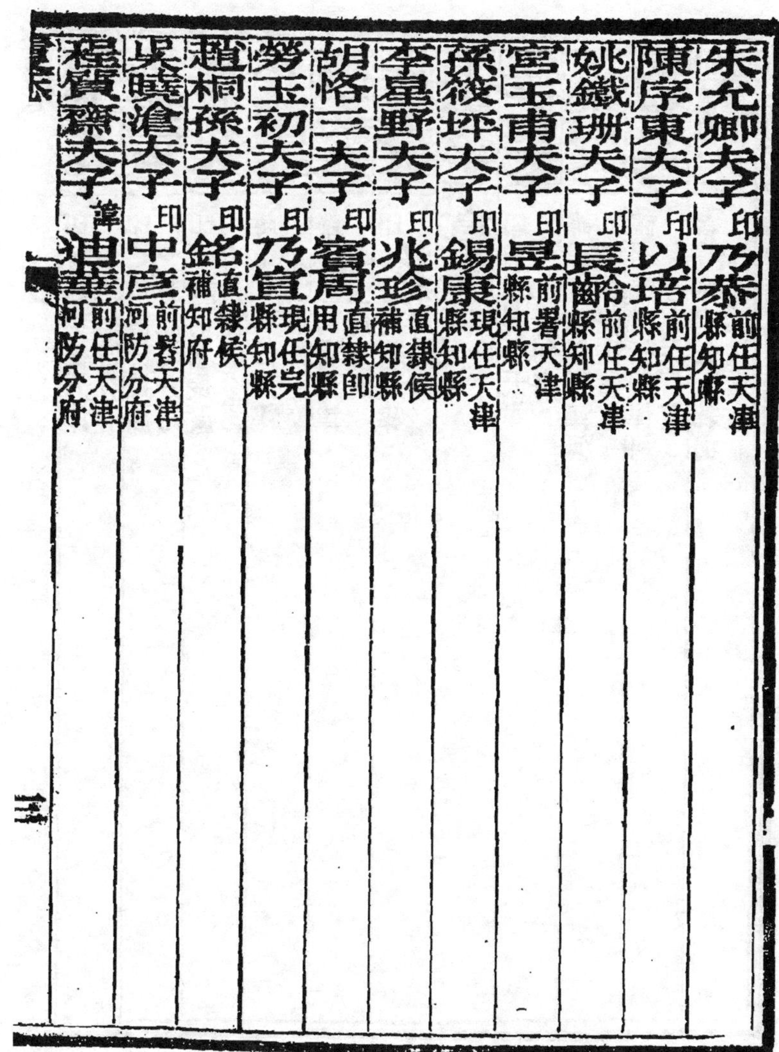
朱允卿夫子 印乃恭 前任天津縣知縣

陳序東夫子 印以培 前任天津縣知縣

姚鐵珊夫子 印長齡 前任天津縣知縣

宮玉甫夫子 印昱 前署天津縣知縣

孫綏坪夫子 印錫康 現任天津縣知縣

李星野夫子 印兆珍 直隸候補知縣

胡恪三夫子 印賓周 直隸即用知縣

勞玉初夫子 印乃宣 現任完縣知縣

趙桐孫夫子 印銘 直隸候補知府

吳曉滄夫子 印中彥 前署天津河防分府

程質齋夫子 諱迪華 前任天津河防分府

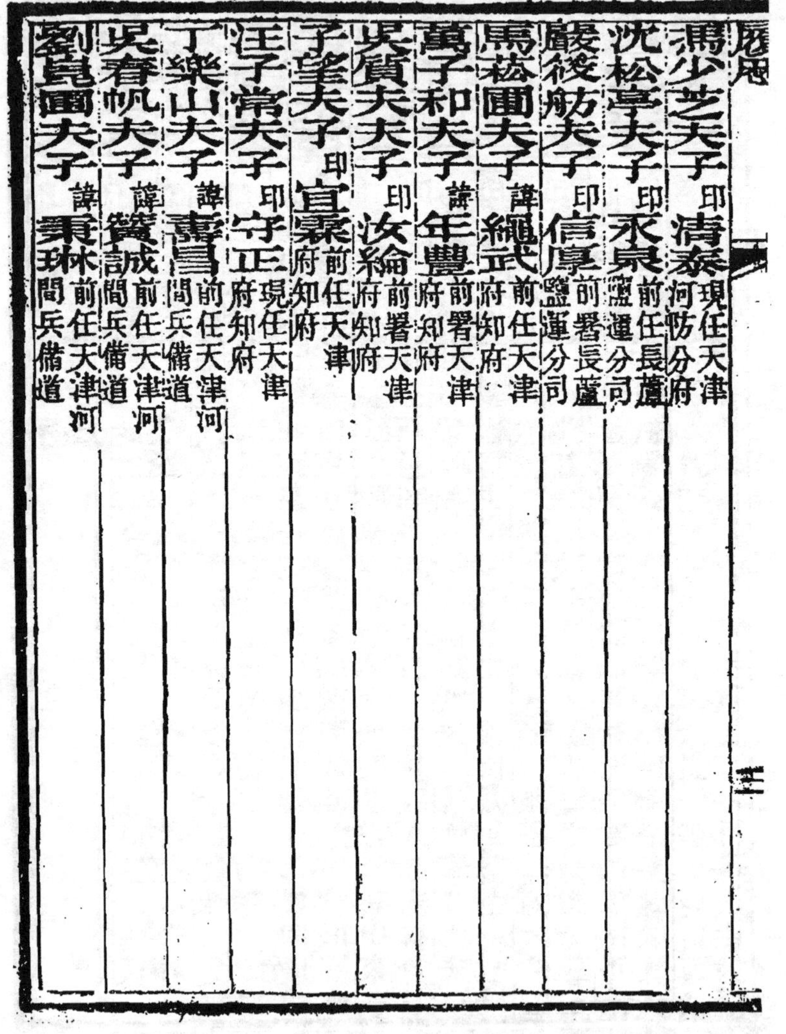
履思
馮少芝夫子印清泰現任天津河防分府
沈松亭夫子印求泉前任長蘆鹽運分司
嚴駿舫夫子印信厚前署長蘆鹽運分司
馬菘圃夫子諱繩武前任天津府知府
萬子和夫子諱年豐前署天津府知府
吳質夫夫子印汝綸前署天津府知府
子望夫子印宜霖前任天津府知府
汪子常夫子印守正現任天津府知府
丁樂山夫子諱壽昌前任天津河間兵備道
吳春帆夫子諱贊誠前任天津河間兵備道
劉昆圃夫子諱秉琳前任天津河間兵備道

吳香畹夫子諱毓蘭前任天津河間兵備道

壽泉夫子印裕長前任天津河間兵備道

盛杏蓀夫子印宣懷前署天津河間兵備道

萬選初夫子印培因前任天津河間兵備道

劉景韓夫子印樹堂前署天津河間兵備道

胡芸楣夫子印燏棻現任天津河間兵備道

黎召民夫子印兆棠前任津海關道

鄭玉軒夫子印藻如前任津海關道

年伯周玉山夫子印馥前任津海關道

劉薌林夫子印含芳前署津海關道

劉獻夫夫子印汝翼現任津海關道

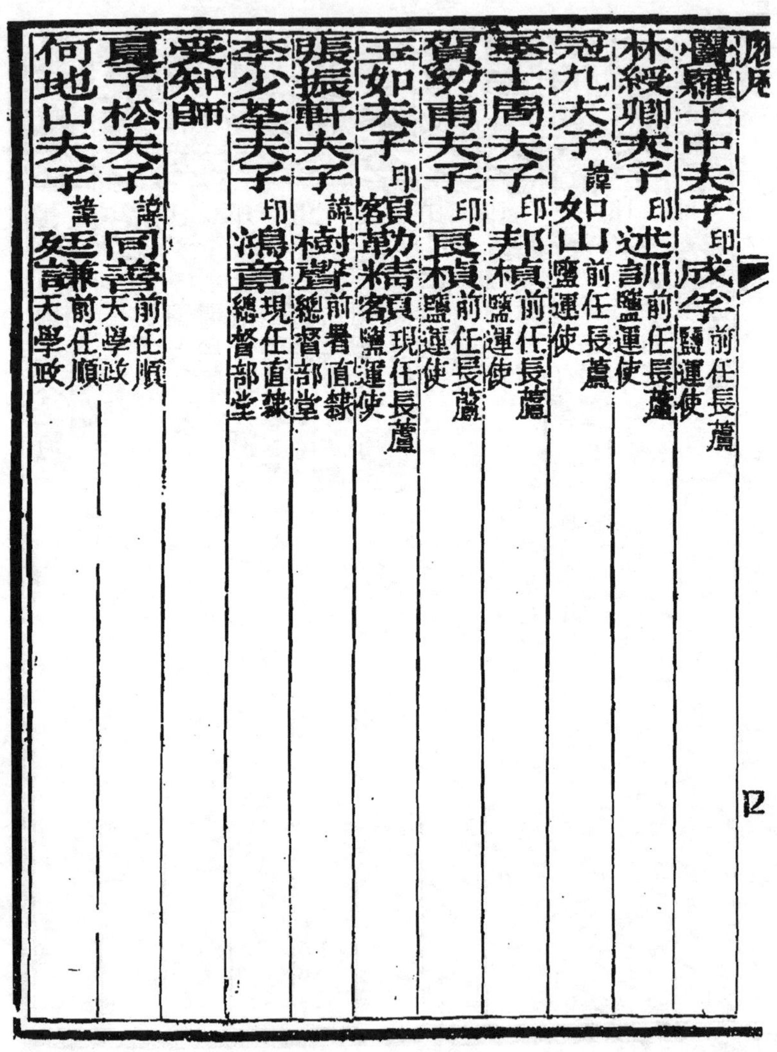

[illegible]羅子中夫子 印成孚 前任長蘆鹽運使

林綬卿夫子 印述訓 前任長蘆鹽運使

冠九夫子 諱如山 前任長蘆鹽運使

李士周夫子 印邦楨 前任長蘆鹽運使

賀幼甫夫子 印長楨 前任長蘆鹽運使

玉如夫子 印額勒精額 現任長蘆鹽運使

張振軒夫子 諱樹聲 前署直隸總督部堂

李少荃夫子 印鴻章 現任直隸總督部堂

受知師

夏子松夫子 諱同善 前任順天學政

何地山夫子 諱廷謙 前任順天學政

陳伯潛夫子 印 寶琛 乙亥恩科順天鄉試同考官

劉海臣夫子 印 宗標 戊子科順天鄉試同考官

薛雲階夫子 印 允升 戊子科順天鄉試大主考

許星叔夫子 印 庚身 戊子科順天鄉試大主考

翁叔平夫子 印 同龢 戊子科順天鄉試大主考覆試閱卷大臣

宗室儀庭夫子 印 福錕 戊子科順天鄉試大主考覆試閱卷大臣

宗室芝菴夫子 印 麟書 戊子科順天鄉試覆試閱卷大臣

犢山夫子 印 嵩申 戊子科順天鄉試覆試閱卷大臣

許筠菴夫子 印 應騤 戊子科順天鄉試覆試閱卷大臣

孫子授夫子 印 詒經 戊子科順天鄉試覆試閱卷大臣

塢樵夫子 印 貴恆 戊子科順天鄉試覆試閱卷大臣

房

汪柳門夫子　印　鳴鑾　戊子科順天鄉試覆試閱卷大臣

倪豐園夫子　印　恩齡　己丑科會試同考官

廖仲山夫子　印　壽恒　己丑科會試大總裁戊子科順天鄉試覆試閱卷大臣

潘伯寅夫子　印　祖蔭　己丑科會試大總裁戊子科順天鄉試覆試閱卷大臣

宗室筱峰夫子　印　崑岡　己丑科會試大總裁戊子科順天鄉試覆試閱卷大臣

李蘭孫夫子　印　鴻藻　己丑科會試大總裁戊子科順天鄉試覆試閱卷大臣

戊子科順天鄉試中式第四十一名

保和殿覆試一等第一名

己丑科會試中式第七十一名

保和殿覆試一等第十二名

殿試二甲第四十二名

朝考二等第十七名

欽點主事籤分工部屯田司

族繁祗載本支現住城

北運河北岸鈔關西

陳恩壽

字仙波號憲博行五道光三十年六月十五日吉時生天津府天津縣縣附生民籍

曾祖諱詰字慶來誥授修武校尉貤封奉政大夫

妣氏史候選知縣中義公之女誥封宜人晉封恭人

祖諱成烈字懷芳歲貢生丁酉科謄錄傳送貢錄館纂修放議敘選授河間府縣訓導同治七殉城奉旨從優議叙遇事地方及本建立專祠賞給雲騎尉世職三代後以恩騎尉罔替

妣氏周誥封淑人晉封夫人

父諱康爰字靜山邑庠生候補同知誥授奉政大夫

母氏倪廩膳生候選教諭倪宗潞公之女誥封宜人

本生父諱康祥字書雲候選從九品軍功五品銜從九

胞伯叔祖成震字遇春誥封承德郎成巽字尹東都庠生庚午科副舉人庚辰考取教習辛巳充補鑲黃旗教習官期滿本堂官引見奉旨以教職用吏部除選保定府容城縣教諭成麐字潁川候選從九品誥封承德郎成綏字樹堂吏員校誥授修職郎

胞伯康和字吝齋附貢生候選訓導欽加同知銜襲雲騎尉世職誥封奉政大夫貤封朝議大夫

胞兄恩泰字晉庵號懷孫由國學生襲雲騎尉世職清泰字體仁由國學生襲雲騎尉世職勅授奉直大夫貤封奉政大夫

胞姪自元字悅生號夢樓由俊秀世襲雲騎尉世職自誠字樸齋襲雲騎世職

父任獻縣殉城奉旨從優議
敘通事地方及本鄉建立專祠
賞給雲騎尉世襲
三世後以恩騎尉罔替
本生母氏繆康熙乙酉舉人乙未
榜眼翰林院編修日
講起居注官司經局洗馬掌局
事廣東學政康雍正丙
午順天鄉試庚戌會試同考官
日藻公之重孫女誥封
文林郎吏員印曾公之女
本生母存

鄉試中式第二百七十五名
會試中式第十七名
殿試第三甲第七十一名
朝考第二等第八十名
欽點戶部主事

妻沈氏誥封奉政大夫諱裴福公孫女五
品銜候補從九名惠蔭五品銜候選
縣丞祖名蔭
公之姪女
子鐵杉幼讀
女三
族繁不及備載
世居津郡城內

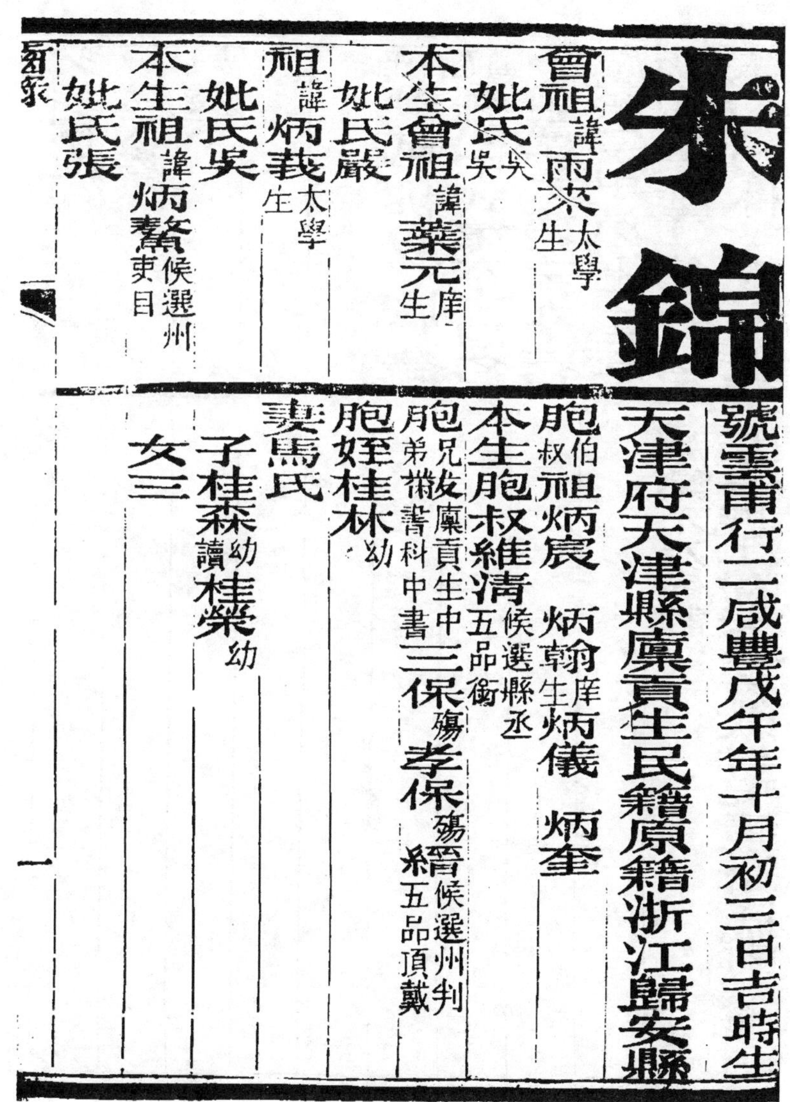

朱錦

號雲甫行二咸豐戊午年十月初三日吉時生

天津府天津縣廩貢生民籍原籍浙江歸安縣

曾祖諱雨茶太學生

妣氏吳 吳

本生曾祖諱蘂元庠生

妣氏嚴

祖諱炳莪太學生

妣氏吳

本生祖諱炳鰲候選州吏目

妣氏張

胞伯叔祖炳宸 炳翰庠生 炳儀 炳奎

本生胞叔維清候選縣丞五品銜

胞兄弟黻廩貢生中書科中書 三保殤 孝保殤 緒候選州判五品頂戴

胞姪桂林幼

妻馬氏

子桂森幼讀 桂榮幼

女三

父印紹安候選從九

母氏陸

具慶下

壬午鄉試挑取謄錄

乙酉鄉試中式第六十四名

會試中式第二百九十一名

殿試二甲第七十三名

朝考一等第五名

欽點翰林院庶吉士

族繁不及備載

世居浙江歸安縣竹墩村現居天津城內鼓樓西

何錫章

字子寵號夢蓮行二道光辛丑年六月十六日吉時生直隸天津府天津縣府學廩膳生民籍

始祖諱永順
始祖妣氏張
太高祖諱際榮 例贈文林郎
太高祖妣氏田 例贈孺人
高祖諱士俊 例贈登仕郎誥授奉直大夫
高祖妣氏唐 例贈孺人晉贈太宜人

胞叔高祖士孔 例贈文林郎
堂伯叔高祖士英 士豪 士魁 士元 恩賜八品 士賢 士哲
嫡堂伯叔曾祖其敏 例贈文林郎 其敬 其徵 其文
從堂伯叔曾祖聯佩 聯壁 聯璞 聯芳 聯璽
從堂伯叔祖炳 煜 道光壬辰科舉人 煥 煒 燿 煊
再從堂伯叔祖源 淳 澍 溥

履歷

曾祖諱其致例贈文林郎誥授奉直大夫

曾祖妣氏宋旌表節孝從祀節孝祠例贈孺人誥封安人晉贈太宜人

祖諱濬例贈文林郎誥授奉直大夫

祖妣氏蕭旌表節孝從祀節孝祠誥封太宜人

本生祖諱霈從九品例贈文林郎貤封奉直大夫

本生祖妣氏劉例贈孺人貤封太宜

再從堂叔桂芬 桂成 故桂森

胞兄弟鑑章 銘章

族弟錫齡邑庠生 錫恩 錫慶殤 錫珍業儒 錫光 錫

九

胞姪滙元 鴻元 濰元 濟元

族姪寶琛 名琛 世琛

胞姑母二 長適王 次適張

胞妹適李國學生毓文

胞姪女適李從九品驤公子

娶樊氏郡庠生誼功五品銜諱希曾公長女欽加五品銜山西候選縣丞名寶印胞姊

人

父 諱承緒欽天監天文生軍功五品銜 例授
文林郎 勅
授奉直大夫

母氏盧 例贈孺人
敕封宜人

家慼 下

業師 諱以受業先後爲序

庭訓

徐鑄江夫子 諱鏡 邑處士

劉敬軒夫子 諱鼎元 邑處士

蘇六泉夫子 諱湘 邑庠生

子澄元 字品清 業儒 灝元 字閬仙 業儒 瀚元 幼讀

女二 長適章 次待字

施香宇夫子諱靈昌甯籍歲貢生候選訓導

閻勝珩夫子諱寶善道光丙午科舉人大挑二等原任通州教諭

郝采三夫子諱紹榮歲貢生候選訓導著有一門沆瀣集

王荊寔夫子印慶有歲貢生前任安肅縣訓導

課師

宋翼甫夫子印兆詔二品頂戴遇缺題奏按察使直隸候補道賞戴花翎前署永定河道

張幼樵夫子印佩綸前主講問津書院學海堂

肄業受知師謹以先後為序

吳傅巖夫子諱士俊前主講輔仁書院

馮桐君夫子諱向榮前主講輔仁書院

吳霖雨夫子 諱惠元 前主講輔仁書院

沈雲巢夫子 謚文和 前主講輔仁書院

辛庶田夫子 諱家彥 前主講輔仁書院

王雲舫夫子 印文錦 前主講輔仁書院

楊香吟夫子 印光儀 前主講輔仁書院

程蓉伯夫子 諱恭壽 前主講問津書院

王筠軒夫子 諱繼庭 前主講問津書院

李鐵梅夫子 諱嘉端 前主講問津書院

劉彥三夫子 諱傑 前任天津縣知縣

蕭廉甫夫子 諱世本 前任天津縣知縣

歷

王樸臣夫子諱炳燮前任天津縣知縣

劉潤之夫子印亨霖前任天津縣知縣

張戟門夫子印振榮前任天津縣知縣

何劍秋夫子印承緒前任天津縣知縣

郭紹虞夫子印奇中前任天津縣知縣

吳曉滄夫子印中彥前署天津河防分府

程質齋夫子諱廸華前署天津河防分府

張翰泉夫子諱光漢前任天津府知府

馬菘圃夫子諱繩武前任天津府知府

萬子和夫子諱年豐前任天津府知府

吳質夫夫子 印 汝綸 前任天津府知府

子望夫子 印 宜霖 前任天津府知府

周琳粟夫子 諱 家勳 前任天津河間兵備道

丁樂山夫子 諱 壽昌 前任天津河間兵備道

吳春帆夫子 諱 贊誠 前任天津河間兵備道

劉崑圃夫子 諱 秉琳 前任天津河間兵備道

吳香畹夫子 諱 毓蘭 前任天津河間兵備道

盛杏蓀夫子 印 宣懷 前署天津河間兵備道

壽泉夫子 印 裕長 前任天津河間兵備道

萬道初夫子 印 培因 前任天津河間兵備道

劉景韓夫子 印 樹堂 前任天津河間兵備道

陳子敬夫子 諱 欽 前任津海關道

黎召民夫子 印 兆棠 前任津海關道

鄭玉軒夫子 印 藻如 前任津海關道

劉薌林夫子 印 含芳 前任津海關道

恒雲舫夫子 諱 慶 前任長蘆鹽運使

覺羅子中夫子 印 成孚 前任長蘆鹽運使

林綬卿夫子 印 述訓 前任長蘆鹽運使

冠九夫子 諱 如山 前任長蘆鹽運使

張振軒夫子 諱 樹聲 前署直隸總督部堂

年伯李少荃夫子 印 鴻章 現任直隷總督部堂

楊詒堂夫子 諱 式穀 前任順天學政

夏子松夫子 諱 同善 前任順天學政

何地山夫子 諱 廷謙 前任順天學政

祁子禾夫子 印 世長 前任順天學政

徐季和夫子 印 致祥 前任順天學政

孫子綬夫子 印 詒經 前任順天學政

李子嘉夫子 印 肇錫 壬午科鄉試同考官

孫燮臣夫子 印 家鼐 壬午科鄉試大主考

畢東河夫子 諱 道遠 壬午科鄉試大主考

房師

蓮峰夫子 印 烏拉喜崇阿 壬午科鄉試大主考

徐蔭軒夫子 印 桐 壬午科鄉試大主考

壬午科鄉試中式第壹百三名

保和殿覆試一等第七名

會試中式第五十二名

保和殿覆試二等第八十三名

殿試三甲第四十七名

朝考三等第二十六名

欽點即用知縣籤掣四川

族繁祇載本支

世居城內鼓樓西

欽命四書詩題

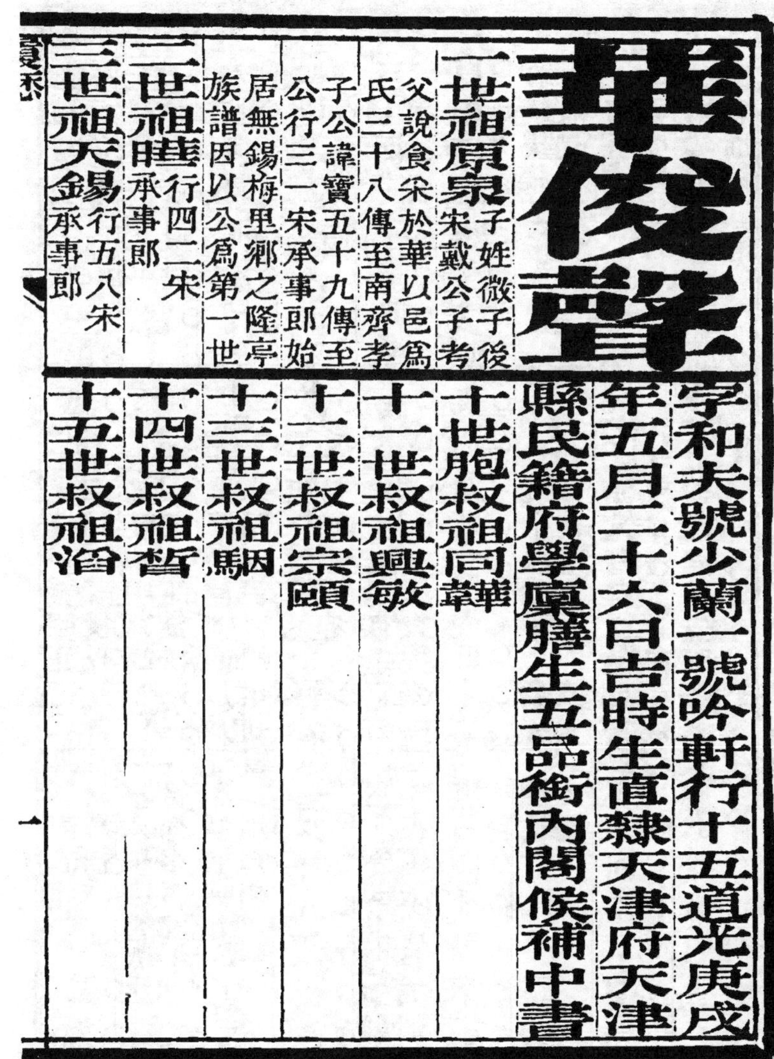

華俊聲

字和夫號少蘭一號吟軒行十五道光庚戌年五月二十六日吉時生直隸天津府天津縣民籍府學廩膳生五品銜內閣候補中書

一世祖原泉子姓微子後宋戴公子考父說食采於華以邑爲氏三十八傳至南齊孝子公諱寶五十九傳至公行三一宋承事郎始居無錫梅里鄉之隆亭族譜因以公爲第一世

二世祖睢行四二宋承事郎

三世祖天錫行五八宋承事郎

十世胞叔祖同韡

十一世叔祖興敏

十二世叔祖宗頤

十三世叔祖駰

十四世叔祖晳

十五世叔祖滔

四世祖智 行千三宋承事郎

五世祖詮 行萬十一宋將事郎

六世祖友聞 字起濱行慶五

七世祖璞 字德珍行通四

八世祖鉉 字子舉行涫二

九世祖幼武 字彥清號栖碧元徵君著有黃楊集三卷補遺一卷

十世祖惊華 字公愷號貞韋固行厚二明徵君著有慮得集四卷拊錄二卷

十六世叔祖存善 明正德己卯科副貢選授教諭著有周易補注

十七世叔祖材 明嘉靖辛酉科舉人中書舍人工部營繕司主事署都水司郎中

十八世叔祖夢龍 明萬厤戊子科拔貢四川合州州判署合州知州

十九世胞伯祖承德 承志

十九世叔祖文炳 候選同知 國初奉母北遷寄籍東安康熙二年復遷天津爲天津南支始遷祖

二十世胞伯叔祖廷秀 廷贊 廷貴

二十世嫡堂伯祖國瑞 明武舉人仕至運糧守備

二十世伯叔祖琮 東安縣庠生 璐 東安縣庠生

十一世祖興叔 字仲諄 行興三

十二世祖宗隆 字思濟 號山桂

十三世祖端 字守端 號怡翼

十四世祖寍 字文安

十五世祖壽 字允年

十六世祖仕 字子學 行一

十七世祖雲龍 字與從 行一

始遷天津十八世祖維援 字萬廉行四明附監生 嘉靖間隨從祖嵩峯公

二十一世胞叔祖天裕 歲貢生候選訓導 敕授修職郎

二十一世嫡堂伯叔祖天爵 監生候選州同 敕授儒林郎 天鎮 議敘從九品職銜 天武

二十一世從堂伯叔祖天禎 天祥 監生候選同知 誥授奉政大夫 天祉 天祚

二十二世伯叔祖存仁 監生候選州判 秉義 監生候選縣丞

二十三世嫡堂伯叔祖岳 崗 巒 監生 嶹

二十三世堂伯叔祖嵩 崑 岱 岊 嶙 監生候選同知 誥授奉政大夫 崇峻

二

天津道任嵩峯公轉山
東副使公留天津遂家
焉是爲怡翼
派天津支
十九世祖承節行三
二十世祖廷林字祥宇行二
二十世祖妣氏宋
二十一世祖天禪字定九行一
二十一世祖妣氏張
二十二世祖嶧字爾瞻行一
二十二世祖妣氏王

二十二世伯叔祖廷棟　廷柱監生候選布政司理問　廷相監生　廷
樑監生候選府經歷
胞伯高祖濱　治監生　津
從堂叔高祖金坤　金城
堂伯叔高祖漢　漣　文溥　文瀾　文澍　文治
洄　鑑源　文澤　元濱監生候選州同敕授儒林郎　龍光邑庠
生　元清　文瀾　文溪　文滮　文溶
伯叔高祖昇監生　嶽　發監生　芝監生　振監生　申監生候選從九品　蘭邑庠
生乾隆丁酉科鄉試挑取謄錄庚子科舉人　四
庫全書館謄錄　武英殿校錄議敘知縣分發安

氏陸

高祖漢字濟川行四貤贈武顯將軍

高祖妣氏郭夫人貤贈

氏徐夫人貤贈

曾祖維猷字顯章行二貤贈奉政大夫

誥贈武顯將軍貤贈朝議大夫

曾祖妣氏李貤贈宜人貤贈恭人

夫人誥贈

祖瑨字芝山行二監生浙江批驗所大使敕

夏系

徽歷署含山當塗五河縣知縣歷任全椒縣知縣

安慶府江防同知誥授奉直大夫著有篁影山

房遺稿雯　翰　祝　祐

嫡堂伯叔曾祖維翰　維典監生　維謨敕封文林郎

再從堂叔曾祖春議敘從九品職銜

堂伯叔曾祖如棟　如相　如卓　如欄　如桐　如

桂　希堯　希舜　如楷　如棕　如樑邑庠生　如

椿　永柏　永槐　永一　永植　永純　永桂

永模　森　如棠貤贈朝議大夫　如棣貤贈奉政大夫　如

楠邑庠生　如栻　永相　永泰　永林　永彬　伯

三

授修職郎　誥贈朝議大夫　誥贈武顯將軍

祖妣氏楊　敕封孺人　誥贈恭人　誥贈夫人

氏陳　乾隆丙午科舉人歷任行唐縣教諭湖南臨武縣知縣諱和敬公女道光甲午科舉人宗學漢教習候選知縣諱曾慶公胞姊　敕封孺人　誥封恭人　誥贈夫人

父光藻　字蘭舟行四郡庠生咸豐辛亥恩科副貢八旗官學漢教習期滿引見以知縣

林　伯紅　伯聚

伯叔曾祖衡　山　巖　崙　峻　崑　岡　岳　監生　嶧

監生淞　監生岑　監生候選從九品　監生國　監生堂　監生亭　監生候選州同翼　監生瀛　監生

均　監生候選布政司理問　墀　監生候選布政司理問　泉　靖　章

胞伯叔祖琪　貤封朝議大夫　誥封武顯將軍　琳　監生候選州同　誥封朝議大夫

從堂伯叔祖紹庭　緒祖　仰祖　監生　耀祖　監生　誥封奉政大夫

理　廩膳生道光乙酉科拔貢　朝考一等第二名歷任望都縣教諭浙江桐鄉縣知縣署浙江諸暨縣知縣　敕授文林郎

三從堂叔祖珍　珩　琛

用改戶部主事江西司
兼江南司行走會典館
纂修　欽加員外郎
銜　誥授朝議大夫
母氏李　山東候補典史諱
光第公女歷任河
南歸德府糧捕水利通
判開封府同知署開封
府知府諱開第公胞姪
女議敘從九品職銜諱
人傑公胞姊邑庠生諱
恭壽公嫡堂妹河南祥
符縣縣丞名彭壽公嫡
堂姊河南盧氏縣知縣
名錫祺嫡堂姑
誥封恭人
慈侍下

堂伯叔祖 和謙 福謙 應仁 應昌 應登 應元
應魁 應亨 應科 應期 應斌武庠生誥封昭武
都尉 應春 應武 應盛 應文 四謙 六謙
隆謙 禹謙 應奎 鐸 錦 銅 仁 鈺
釗 璋 璽 玲 琮 珺 大有 富有 烜
監生誥封朝議大夫 照監生誥封朝議大夫 煓貤封奉政大夫 烈誥封奉
政大夫 炳 長清 長泰 長凝 長富 長堃
長吉 長志 長壽 長忠
伯叔祖 長桂 長本 長蔭 長序 長春 長震邑庠

庭訓

受業師

張仲仁太夫子諱恩成邑庠生道光乙酉科鄉試挑取謄錄

査遂初夫子諱省勤恩貢生候選教諭

査果菴夫子名毅勤道光癸卯科舉人歷任懷來懷安縣教諭

再從堂叔蓉軒夫子名椿

生嘉慶丁卯科舉人道光丙戌科會試大挑二等歷任東明縣教諭湖南桂陽州州同署湖南臨武縣知縣欽加同知銜誥授奉政大夫長紳邑庠生長遂監生長忠廩膳生道光庚子恩科舉人咸豐癸丑科會試大挑二等三河縣教諭敕授修職郎著有四瓶齋文鈔二卷詩鈔六卷倦鶴龕律賦四卷制藝六卷長信登龍長安廩膳生長念長志長慈長憲長燾長芳邑庠生貤贈中憲大夫長祥候選都司誥授武義都尉長治監生候選縣丞誥封奉政大夫長熙長蔚長恩監生候選府經歷長卿榜名長懋增廣生道光辛卯科舉人甲辰科會試大挑二等試用訓導署順天房山縣教諭選授奉天開原縣訓導盛京通志局纂修大計保薦卓異陞用知縣欽加國子監學正銜敕授文林郎誥贈通奉大夫著有

楊香吟夫子 名光儀咸豐壬子
科舉人前東光縣教
諭主講輔仁書院

課師

王鈞軒夫子 諱繼庭前主講問
津書
院

程容伯夫子 諱恭壽前主講問
津書
院

李鐵梅夫子 諱嘉端前主講問
津書
院

古本周易集注十二卷尚書補闕一卷毛詩識小
錄四卷春秋三傳異同辨二卷唐宋陽秋五卷說
雅六卷史駢箋注四卷歷代宰相表五卷三國兩
晉南北朝年表三卷聖廟崇祀圖考二卷正字原
八卷石鼓文存一卷漢碑所見錄三卷說文形聲
表十五卷說文引經考一卷俗音正誤一卷韻籟
一卷方輿韻編二卷疑年譜小傳四卷查初白張
船山年譜二卷姓藪四卷樂譜二卷畿輔人物表
一卷津門選舉錄六卷西嶽山房文鈔四卷梅
莊詩鈔十六卷續詩鈔八卷臘香館詞鈔二卷長
吉增貢生候選訓導著有小游僊館制藝四卷浣石居詩文鈔四卷長新考取天文官學
生長庚監生候選縣丞誥封奉政大夫長春監生候選按察司知事長齡
長順 長森 長康 長華天津鎮標即補把總欽加六品銜
長儒 長福 恩濃 恩榮 森廩膳生 恩沛 恩

五

吳霖宇夫子諱惠元前主講輔仁書院
沈雲巢太夫子謚文和前主講輔仁書院
李少荃夫子名鴻章現任直隸總督
芸舫夫子諱恆慶前任長蘆鹽運使司鹽運使
雲峰夫子名恩福前署長蘆鹽運

祥 恩隆 恩瑞武庠生
胞伯禎候選都司 欽加參將銜 賞戴藍翎 誥授武顯將軍 貤封朝議大夫
嫡堂伯樹附貢生議敘六品職銜 賞戴藍翎 誥封朝議大夫 賞 光煒監生光祿寺署正珍饈署兼典簿廳行走候選奉天府治中 賞戴花翎 誥授朝議大夫
再從堂伯棠監生河南商水縣典史 玉森 桂 文秉 文煥
越候補衛千總 楷 椿邑庠生咸豐乙卯科副貢八旗官學漢教習期滿引見以知縣用歷任福建海澄仙遊詔安泰甯縣知縣安徽當塗縣知縣現任安徽青陽縣知縣大計保薦卓異 欽加同知銜 賞戴花翎 樽監生候選從九品 棫附貢生 彬增廣生同治庚午科舉人光緒庚辰科會試大挑二等深澤縣教諭 敕授修職郎

使司鹽
運使
覺羅子中夫子 名成孚 前任
長蘆鹽運使
司鹽運使
祝爽亭夫子 諱塏 前署長蘆鹽運
使司鹽
運使
林綬卿夫子 名述訓 前任長蘆
鹽運使司
鹽運使
陳子敬夫子 名欽 前任津海關道
孫祝塘夫子 名士達 前署津海

四從堂叔汝霖 汝雯 汝霽
堂伯叔奕 武庠生 明亮 明禾 明祿 明利 明德
明福 明禮 長發 長麟 鼇 雲祥 雲集
候補營千總 有聚 雲彪 武庠生天津鎮標左營千總署鄭家口守備 欽加
都司銜 賞戴花翎同治二年六月十五日在山
東臨清州劉官莊剿捻陣亡 賞雲騎尉世職
誥授昭武都尉 雲鵬 雲程 繼善 光垚 光翮 光
翥 武庠生候補營千總 欽加五品銜 賞戴藍翎 光蔭 德奎 德元
德彪 致儼 致中 致和 士蓁 監生候選從九品
士英 致恩 致賢 通全 致奉 映奎 映

關道

黎召民夫子名兆棠前任津海關道

丁樂山夫子諱壽昌前任天津河間兵備道

吳春帆夫子名贊誠前任天津河間兵備道

馬松圃夫子諱繩武前任天津府知府

斗映文典廩膳生嘉慶丙子科舉人道光丙戌科會試大挑一等分發山西知縣歷署高平左雲山陰繁峙河津平遙縣知縣歷任趙城聞喜陽曲縣知縣渾源州吉州知州忻州霍州直隸州知州署蒲州府知府誥授朝議大夫封附貢生候選訓導貤贈奉政大夫玉鳴增貢生候選訓導晉墀監生貤封奉政大夫鳳墀監生貤封奉政大夫

玉墀邑庠生道光辛巳恩科舉人乙未科會試大挑一等分發陝西知縣告近改分山東歷署山東福山蓬萊嶧縣陝西大荔岐山縣知縣歷任山東昌邑縣陝西西鄉縣知縣欽加同知銜誥授奉政大夫玉衡監生分發河南候補縣丞光裕　光明　光輝

必銓　必德　必齡　必源　必奎　必勝

必強

李鐵帆夫子名孟平前任天津府河防同知

錢爽泉夫子名塏前任天津府河防同知

年伯陳襄夔夫子名錫麒前任天津府河防同知

任石泉夫子名爾會前任天津縣知縣

受知師

伯叔毓奇 毓秀監生候選州判 承運 承緒監生候選鹽知事 承祖監生候選縣丞 承弼監生 光甌監生候選鹽大使 光瑞監生議敘從九品職銜

承志監生 承宗監生候選州吏目 承霖廩貢生候選縣丞津防出力賞戴藍翎誥封武義都尉 承訓監生候選州同欽加五品銜誥贈中憲大夫 承烈監生

國史館謄錄議敘候選鹽大使欽加五品銜 承瀛貢生誥封奉直大夫 承彥監生候選部司務誥封奉直大夫 承雲廩貢生光緒壬午科鄉試挑取謄錄分發浙江候補知縣欽加五品銜 承勛邑庠生光緒乙酉科副貢分發河南候補直隸州州判 承瀚議敘守禦所千總貤封中憲大夫 承謙監生議敘八品職銜 光第監生 光鼐邑庠生著有東觀室詩文鈔六卷輯有津門文鈔三十二卷 鼎元增貢生刑部司務廳司務兼山

劉彥三夫子名傑前任天津縣知縣

賀雲甫夫子名壽慈前任順天學政

夏子松夫子諱同善前任順天學政

錢湘吟夫子諱寶廉前任順天學政

洪文卿夫子名鈞乙亥恩科順

東司行走截取同知分發江蘇光緒己卯科江南鄉試搜檢官幫辦海運保奬補缺後以知府儘先補用先換頂戴著有津門徵獻詩六卷津門通典八卷爾雅注三卷儒林傳旁證六卷梓里聯珠集五卷

觀澄貢生前刑部司務廳司務兼雲南司行走　承祜　承榮　聯德

聯升　聯瑞　聯級　聯光　葆珍　守珍

承源業儒　承先

胞弟俊傑業儒

嫡堂兄弟俊同附貢生議敘州同銜　俊彝監生光祿寺署正　俊賡附貢生議敘州同銜

從堂兄映辰監生候選鹽知事　貤封朝議大夫　貤贈奉政大夫　俊虎增貢生咸

天鄉試
同考官
徐蔭軒夫子名桐乙亥恩科順
天鄉試副考官本科覆
試閱卷殿試讀卷
朝考閱
卷大臣
殷譜經夫子諱兆鏞乙亥恩
科順天鄉
試副考官
文山夫子名崇綺乙亥恩科順
天鄉試
副考官
毛煦初夫子謚文達乙亥恩

豐己未恩科舉人刑部主事山東司主稿管理
督催所事務欽加員外郎銜誥授朝議大夫
俊疇監生候選同知俊三監生候選部司務欽加五品銜
三從堂弟培直 培之 培芳 培興 培杰 錫
疇監生錫齡附貢生錫蕃監生俊成邑庠生俊年邑庠生俊烈
俊會 俊第 俊臣
五從堂弟俊業 俊宅
堂兄弟忠仁 忠源 忠信 忠和 忠誠 忠全
忠合 忠盛 忠義 逢源 逢辰 逢智 逢
椿 鳳椿 景椿 逢彩 逢午 忠洵 忠溥

科順天鄉試正考官

沈叔眉夫子 名源深 丁丑科會試同考官本科會試副考官 朝考閱卷大臣

王黻卿夫子 名頌蔚 本科會試同考官

許筠菴夫子 名應騤 本科會試副考官

塢樵夫子 名貴恆 本科會試副考官 朝考閱卷大臣

忠沛 忠齡襲雲騎尉世職 忠順 澂 涝監生 嵐 峯

厓 嘯 浚 準 涇 渥 溎 溶 洼

淋 [illegible] 成泰 成雲 成林 成智 成吉

成祥 成如 成意 成全 鑅監生道光癸卯科舉人咸豐壬子恩科進士工部主事都水司兼司務廳行走 誥授朝議大夫 鍈監生分發山西知縣署靜樂縣知縣補平陸縣知縣 欽加運同銜 誥授朝議大夫 鈞監生咸豐辛亥恩科舉人同治壬戌科會試大挑一等分發山東知縣歷署益都陵縣知縣補曲阜縣知縣 欽加運同銜 誥授朝議大夫 銘監生 鉞郡庠生貤封奉政大夫 欽 鉁歲貢生同治甲子科鄉試挑取謄錄前順天房山縣訓導 誥封奉政大夫 鍾監生 鋞廩膳生 淦 銜

孫萊山夫子 名毓汶 本科會試正考官

宗室子齋夫子 名敬信 本科會試知貢舉

徐季和夫子 名致祥 本科會試知貢舉

宗室芝菴夫子 名麟書 本科覆試閱卷 殿試讀卷大臣

翁叔平夫子 名同龢 本科覆試

錫 監生 銓 監生 錞 監生 鑑 監生候選典史 鼎 名 監生議敘六品職銜 鏞 監生 鑄 榜名鑄麐 膳生咸豐辛酉科鄉試挑取謄錄同治丁卯科舉人甲戌科二甲第一名進士翰林院庶吉士現官編修歷充國史館協修纂修武英殿協修纂修功臣館纂修光緒己卯科湖南鄉試正考官前河南學政本科教習庶吉士 欽加五品銜 鎮 邑庠生同治丁卯科舉人議敘知縣 敕授文林郎 [illegible]

兄弟 世璧 世芸 世鑾 邑庠生 世芬 馨 香 世倫 世偓 世伋 世鎔 候選都司 世鑾 監生 世濬 世銘 邑庠生光緒壬午科舉人 咸安宮漢教習己丑考取內閣中書本科同榜進士戶部主事浙江司行走 世[illegible] 廩貢生候選訓導 世楠 業儒 世奎 邑庠生光緒乙酉科優貢 朝考二

閱卷　殿試讀卷
朝考閱卷大臣
許星叔夫子名庚身本科覆試
朝考閱
卷大臣
犢山夫子名嵩申本科覆試閱卷
殿試讀卷大
臣教習庶吉士
潘伯寅夫子名祖蔭本科覆試
朝考閱
卷大臣
祁子禾夫子名世長本科覆試
朝考閱
卷大臣

等內閣候補中書　世珍邑庠生　世琛國史館供事　世瑜監生　世清
世駿　世蔭議敘從九品職銜　世瀓業儒　世駉業儒　世賢業儒　世
琦業儒　世樾　世椿　世杞　世本　世錕候選巡檢　世鐸
孫貢生國史館謄錄議敘候選縣丞　世釗　敬孫方略館供事議敘候選巡檢
世鏞邑庠生　世銳　世彤業儒　世彭業儒　世錄業儒　世增
世同業儒　世銓
嫡堂姪　景星議敘從九品職銜　景昕幼讀　景昀　景昭俱幼
從堂姪　景田議敘守禦所千總　景彥監生議敘六品職銜誥封奉政大夫　景
廉邑庠生候選鴻臚寺序班　景恆附貢生　景泰議敘從九品職銜　景恂附貢

孫子授夫子名詒經本科覆試
朝考閱卷大臣
徐頌閣夫子名郙本科覆試閱卷
殿試讀卷大臣
廖仲山夫子名壽恆本科覆試
閱卷殿試讀卷朝考閱卷大臣
薛雲階夫子名允升本科覆試
閱卷大臣
汪柳門夫子名鳴鑾本科覆試

生議敘州同銜景龢業儒景敭業儒景安議敘從九品銜職景屏議敘從九
品職銜景祿議敘從九品職銜景綬監生
三從堂姪景盛業儒景從幼讀景行幼
堂姪錫九兆晉兆麟監生錦標武庠生兆英兆龍
兆熊寶光佾生榮光榮昌榮錦榮貴
榮先澐監生現任山東雒口鹽場大使學海泌學濤學
深學瀾邑庠生光緒乙酉丙戌科聯捷進士翰林院庶吉士現官編修國史館協修
學瀚學浚業儒學濂學江監生候選巡檢學泗學洙
學澂業儒學涓學湘學清學瀛監生候選巡檢欽

閱卷 殿試讀卷
朝考閱卷大臣
宗室筱庭夫子 名福錕 本科
殿試讀
卷大臣
宗室筱峰夫子 名崑岡 本科
朝考閱
卷大臣
李若農夫子 名文田 本科
朝
考閱卷
大臣
李蘭孫夫子 名鴻藻 本科教習
庶吉
士

加五品銜學鴻 監生學源 學湜 監生學涑 監生學淇 增廣生光緒壬午科舉人覺羅官學漢教習國子監候補學正學錄學淦

姪澤遲 澤溥 澤澗 澤猗 澤汶 業儒澤灝 業儒澤沅 業儒澤洪 業儒澤潢 澤洵 澤泰 澤沐 澤霑

澤施 澤桂 澤淇 俱幼讀

嫡堂姪孫鳳賓 鳳聯 俱幼

從堂姪孫鳳昌 議敘從九品職銜鳳五 議敘從九品職銜鳳岐 議敘從九品職銜鳳文 業儒鳳揚 鳳池 監生鳳翊 鳳書 議敘從九品職銜鳳章 邑庠生光緒乙酉丙戌科聯捷進士即用知縣分發湖南告近改分山西 欽加同

黃仲強夫子 名紹箕 本科教習 庶吉士

知銜賞戴花翎 鳳舉 議敘從九品職銜 鳳和 鳳圖 監生 鳳洲 邑庠生 鳳阿 業儒 鳳誥 鳳閣 鳳石 鳳榮 鳳翰 鳳彩 鳳培 俱幼讀

堂姪孫以恪 以怡 以莊 以慎 以恭 以慕 以憲 以懿 以懃 以思 以志 以慰 以慧 以恩 以意 以愿 以悫 以懋 以慈 以惠 以憖 以憙 以懿 以懟 以忠 以恕 以愈 以聰 俱幼讀

姪孫克權 幼

從堂姪曾孫彭年　岱年　柏年　聃年　鶴年
桂年　瑞年　夔年俱幼讀　鴻年　獄年　嵩年
璐年　漢年　贊年　驥年　貢年　大年　有
年　宣年　延年俱幼

聘姚氏乾隆己亥　恩科舉人辛丑科進士歷任福建詔安縣知縣建甯府同知安徽六安廣德直隸州知州廬州太平徽州府知府護理徽甯池太廣兵備道諱逢年公曾孫女山東候補巡檢歷署東昌府經歷聊城縣典史諱緝勳公孫女四品封典監生諱承端公河南候補州吏目歷署光山縣典史內黃縣主簿諱緝文公邑庠生嘉慶庚午科鄉試挑取謄錄諱承謙公道光壬午科舉人癸巳科進士歷任河南遂平舞陽縣奉天蓋平承德縣知縣歷署奉天遼陽州知州奉天府治中諱

承恩公增廣生諱承瀛公道光壬辰科舉人國
史館謄錄議敘候選知縣諱承豐公姪孫女候選
從九品諱學廉公女四品封典監生諱學崇公
道光己亥科舉人奉天遼陽州學正諱學程公四
品封典邑庠生諱學本公候選布政司理問諱
學濬公增廣生光緒壬午科鄉試挑取謄錄國史
館議敘候選通判欽加
四品銜名學源公姪女

娶胡氏歲貢生候選訓導諱錩公曾孫女候選布政
司理問諱濟民公孫女候選州同欽加四
品銜名柄豫公女廣東候補鹽知事署雙恩場大
使諱柄乾公候選從九品名柄豐公議敘從九品
職銜諱柄泰公姪女附貢生候選鴻臚寺序班名
兆勳候選守備欽加都司銜名紹勳胞妹監生
名承勳
堂妹

子景綸監生 景綏監生 景緒業儒 景紳幼讀

履歷

乙亥恩科鄉試中式第三十一名

覆試第二等

庚寅恩科會試中式第二百三十名

覆試第一等第三十六名

殿試第二甲第六十二名

朝考第一等第七十九名

欽點翰林院庶吉士

女一殤

孫鳳卜　鳳詹俱幼

族繁不及備載

世居天津帶河門內戶部街

會試硃卷光緒庚寅　恩科

中式第一百三十名貢士華俊聲直隸天津府天津縣民籍府學廩膳生五品銜內閣候補中書

同考試官戶部主事軍機處行走　會典館纂修　方略館協修加三級王　閱

薦批　筆意高超經策條達

大總裁二品頂戴都察院左副都御史稽察左翼宗學加三級沈　取批

又批　局度安詳經策博雅

大總裁吏部左侍郎加三級許　取批

又批　詞旨愷切經策圓融

大總裁都察院左都御史鑲藍旗蒙古都統加三級貴　取批

又批　理法清眞經策典贍

大總裁經筵講官太子少保軍機大臣刑部尚書總理各國事務大臣加三級孫　中批

又批　規模宏敞經策淹通

本房原薦批

首藝思清筆雋熟極而流次三匀稱詩工穩經藝五光十色藻朗不渝策對詳明

聚奎堂原批

清妥中自有超脫之筆中比得聞者不在言二句不脫言性道句之言字看書極細次三暢茂條達詩調

子貢曰夫子之文章可得而聞也夫子之言性與天道不可得而聞也子路有聞未之能行唯恐有聞

華俊聲

聞有獨異不負言行者也夫聞曰不可是已聞其言也聞曰恐有是有聞必行也子貢子路眞不負言行者與且學問之道言行而已言有精粗善言者卽粗卽精精必由粗而悟行有勇怯力行者愈怯愈勇勇偏因怯而昭旨趣貴能領也心力無稍寬也淺嘗輒止者少眞知一得自矜者多怠氣也不然夫子設教以來誰不聞其言者誰不聞其言以勉其行者而獨異於子貢子路也何居論裁成之妙無行不與奚判顯微至理祇在目前必强析其途以示

迹象神明之別將大道本智愚共勉擇人而語轉形雨化之未周論切近之修致志貴專何多顧慮吾學原期一貫必別分其念以收兼營並赴之功將寸衷爲記問所窮務廣而荒亦覺精神之誤用然而子貢有異矣同茲提命之端聽受焉不過文章研求焉無非性道論說正多餘藴澄心以罄得聞者不在言不得聞者亦不在不言也仁見謂仁智見謂智此中不假師傳也然而子路有異矣祇此身心之業不以已能矜造就忍以未能謝仔肩擔荷總在藐躬竭力以圖有聞者無不行恐有聞者實唯恐不行也日計不足月計有餘歷久自呈實效也大抵聖人施教雖不矜高遠終多

厚望之心當授受一堂亦日具有聰明一見能解擴其材力百試何窮乃六經皆手訂之書歷久如新幾人能探其奧三聖遜大成之詣自强不息畢世莫得其偏即兩賢識力獨超若進以不思而得不勉而中之修亦覺未達一間也美富畢窺愈信得門或寡矣先勞既勖猶待請益而前矣大抵學者課功苟自奮知能豈少信心之候況闇修爾室本自智足知聖無阻高堅勇擅兼人能勝重遠乃大明若昧不欲高談幽渺啓後人索隱之端至實如虛不敢矯語從容蹈世俗偷安之習在兩賢明强不恃若疑有語焉不詳擇焉不精之弊未免淺視成人也告往知來函丈早深期許矣升

堂入室門人服此精能矣要之事非親歷不識其難聖域果絕攀躋何以內外之全神當前若揭力苟無餘遑恤其後學業定期美備遂若生平之志願一旦難償子貢子路之不負言行如此聞之所以異於人與

知所以治人則知所以治天下國家矣凡爲天下國家有九經

華俊聲

治人有全量可由知而推所爲矣夫天下國家盡乎人知之尤貴爲之也所謂九經不可進舉乎且建一人於億兆人之上而與億兆人爲緣苟非曉然於馭人之原必難釐然而定馭人之具蓋理人之方推諸己由近及遠揆之四海而皆同而盡己之事施諸人執簡御繁握其大綱而已備物與我無二事與功相因是惟察其幾者能舉其要焉知脩身以治人是知仁勇三者能治一家之人能治一國之人亦能治天下之人也則凡天下國家不賴有知仁

勇以課所爲哉然未卽爲也先以治人之知知之而已天下之本在國國之本在家親疏雖不一致然明乎人紀人綱之大則推放皆準一舉念而各得指歸矣家齊而后國治國治而后天下平遐邇雖有殊科然悉乎人心人路之同則風俗悉通一假手而如操左券矣且夫由治人而治天下國家固貴裕以知也尤貴責以爲也大抵聖主綏猷必灼然於興衰治忽之原而創垂始無遺憾苟貿然從事將侈陳偉略而宥密或稍未純競鶩勳名而根本或形未正不明之於心遽措之於事是未以近知近仁近勇操諸約而欲施之家而家從施之國而國從施之天下而天下從恐徒法不

能以自行也則知先而爲後也大抵萬幾待理亦確然於內外上下之故而敷布始克有章苟怠於求功將清淨鳴高而制作輟焉弗講規模近狹而遠大置焉弗圖僅自持其端不思竟其緒是未以知德仁德勇德宏厥謨而欲視吾家而家理視吾國而國理視吾天下而天下理恐徒善不足以爲政也則知虛而爲實也然則知所以治者不又重乎爲之哉夫爲必有經而經則有九難恃者治人之權經則握乎權之樞而萬世不能易宮廟何以肅朝野何以安中外何以附皆九者綱維其際而並無偏而不舉之虞知之權而守之堅帝典王謨於此括也於以見九經之體大而精易徹

者治人之法經則得乎法之意雖百世而可知天室何以尊邦畿何以重蠻貊何以行皆九者統攝其機而自操發而必中之數知之明而處之當雖麟官禮從此推也於以見九經之用簡而備九經之有卽由知仁勇而有也能知則治術廣能爲則治功成矣

霸者之民驩虞如也王者之民皞皞如也　華俊聲

霸王有由分證諸民可見矣夫同是民也而別之爲霸爲王亦驩虞與皞皞不同耳孟子歴指之有以哉且世運之分分於主術爲最先而民俗其後焉者也不知閭閻至賤本難强語以高深習俗難誣無不曲呈其分量所感者不一致即所應者不一情試爲互舉參觀固有釐然如繪者已予生也晚即桓文創霸之年尚未獲躬逢其盛況成康盛王之世又焉能目覩其隆居今之世爲今之民即求一霸者不可得何論王者哉雖然霸與王難一例視也誦詩而懷前烈歌功詠德同此篇什之留貽顧何以木瓜瓊玖語報

施者若有矜情酌酒躋堂安作息者初無餘慕也此中殆各判低昂也攷史而溯隆規纂筆記言同此事功之彪炳顧何以懷遠招擕簡冊未泯鋪張之迹永清大定誓誥祗存渾穆之詞也此際又顯分升降也不觀霸者之民乎煦仁孑義霸者亦粉飾隆平乃一釜鍾而視爲深恩一簞豆而輙形德色推其鼓舞之致不啻飢者之易爲食寒者之易爲衣也擬以驩虞如而霸者見矣不觀王者之民乎一道同風王者亦豈無德澤乃歸皇極者官骸胥暢順帝則者知識俱融迹其雍穆之風不啻魚之忘於江湖鳥之忘於林麓也擬以皥皥如而王者見矣下泉歌而霸圖渺誰與宏推解隆

恩匪風作而王迹微誰與奏休明偉績然而風教所存無難曲爲之繪也大抵攘往熙來之輩非能自爲風氣祇覩當軸之默爲轉移設生而與霸者並世此也見德則彼也見恩令長而與王者同時上無所求自下無所報也以是爲民情之可見而躬遊其宇正有幸不幸之殊矣夫豈故爲軒輊哉假仁義以動衆霸有時亦託於王用征伐以行權王有時亦鄰於霸然而本原具在要難强爲之同也大抵含生負氣之儔非敢習於矯誣祇賴大廷之躬爲率導設王之後繼以霸向之安渾穆者亦將踵事而增華令霸之後復有王前之尚矜張者亦將歸眞而返樸也以是爲民志之不欺

而治握其樞殊有純不純之判矣夫豈好爲區別哉吾觀於民吾益思王者不置也

賦得城闕參差曉樹中 得門字五言八韻 華俊聲

城闕連山麓參差望裏存高峯迎雉堞曉樹簇龍門翠蔭周遭合雄關拱衛尊樓臺縈宿霧睥睨射朝暾村接枌榆影牆餘薜荔痕萬青環漢殿一碧亙周原憑眺開奇境吟詩勝小園早朝依

上苑嘉植荷

醲恩

華世銘

字新齋，號允卿，行二。咸豐甲寅相四月二十九日吉時生。直隸天津府天津縣附學生民籍。咸安宮教習、內閣中書。

曾祖岑

曾祖妣氏王

祖長芳

祖妣氏李

父承訓

母氏周

繼母氏蔣

胞弟世舉 世㷿

妻李氏

子澤浚 澤灝 澤沅

女

壬午科順天鄉試第六名

癸未科考取咸安宮教習

己丑科考取內閣中書

會試中式第三百八十一名

殿試二甲第九十一名

朝考三等第七名　族繁不及備載

欽點主事　世居

欽命四書詩題

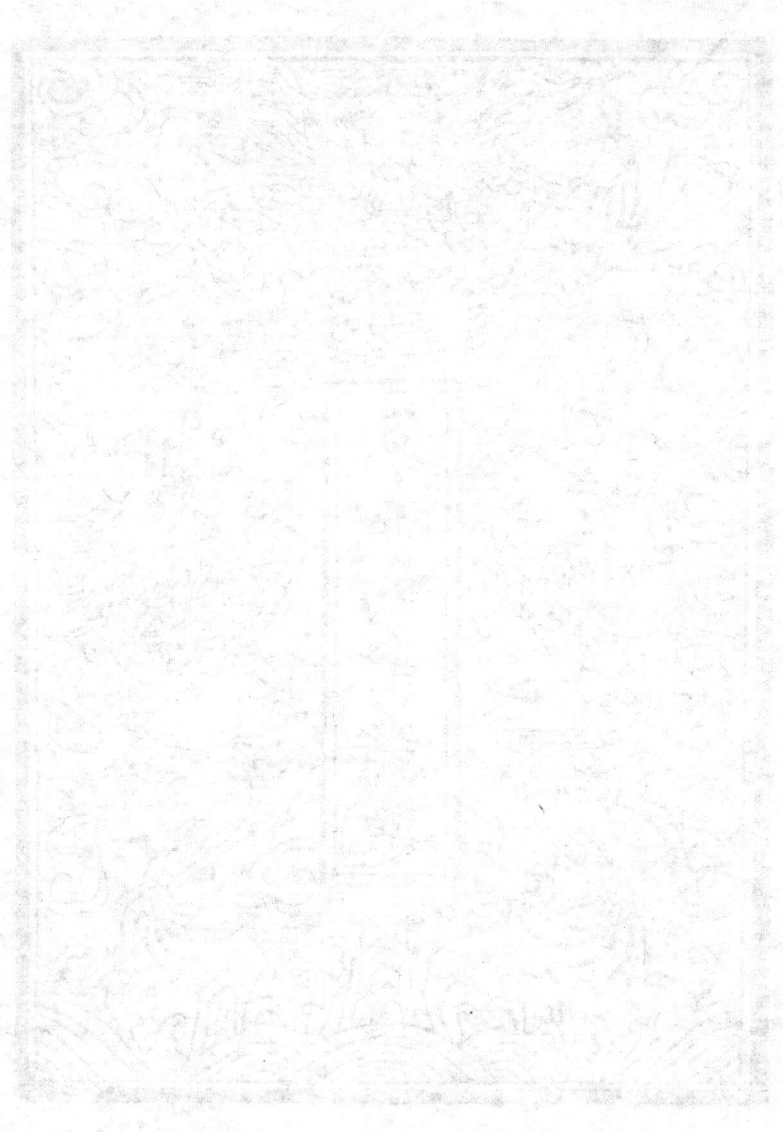

徐鴻泰

北遷始祖鍾麟敕贈文林郎晉贈武功將軍

始祖妣氏楊敕贈孺人晉贈夫人

氏宋敕贈孺人晉贈夫人

氏吳敕贈孺人晉贈夫人

二世祖孫森山東長山縣知縣江南河道同知敕授文林郎誥贈武功將軍

二世祖妣氏魏敕封孺人誥贈夫人

字雨來號宇葜一號馭騋行七咸豐戊午年十一月十六日吉時生河南開封府杞縣附生民籍祖貫直隸天津府天津縣

三世伯祖學洙福建臺灣協副將加左都督誥封武功將軍

高伯叔祖文桂早逝　之柄邑庠生誥贈奉直大夫晉贈榮祿大夫浙江台州府知府鹽運使銜加四級　國松乾隆辛酉科舉人　廷楓太學生誥封奉直大夫　齡椿候選布政司經歷敕授儒林郎誥贈朝議大夫晉贈資政大夫山西巡撫提督軍門

曾伯叔祖焆廩膳生　炌乾隆癸卯科副榜誥封奉政大夫晉贈榮祿大夫浙江台州府知府鹽運使銜加四級著有朗齋詩鈔　煜候選布政司經歷誥封奉直大夫　煌太學生　煥太學生貤封中憲大夫兵部郎中加二級　焯太學生候選從九品　熾庠生　烈太學生　然廩膳生挑取謄錄選江西萬安縣縣丞陞任德化縣知縣敕授文林郎　燮庠生　煊乾隆戊中恩科舉人候選知縣敕授文林郎　烇　炘乾隆壬子科舉人考充正紅旗

一 氏吳人 敕封孺人 誥贈夫人

三世祖學淵 敕贈文林郎 誥贈朝議大夫

三世祖妣氏張 人 敕封孺人 誥贈恭人

高祖金楷 乾隆戊午科副榜 誥封奉直大夫著有步青堂餘草

高祖妣氏李 誥贈宜人

本生高祖汝槐 乾隆壬申 恩科舉人山西潞城縣知縣 敕授文林郎 誥封奉直大夫

覺羅官學教習乙卯 恩科會試 特授內閣中書軍機處行走陞任侍讀 方略館提調 御園校射 賞戴花翎福建道監察御史 簡放江南河庫道 欽加按察使銜兩署江南布政使陞任江西按察使調任湖南按察使署湖南布政使陞任陝西布政使護理陝西巡撫調任山東布政使護理山東巡撫調任福建布政使護理福建巡撫改授內閣侍讀學士 簡放陝西布政使護理陝西巡撫兼攝西安鎮總兵道光戊子科陝西鄉試監臨陞任山西巡撫兼兵部侍郎都察院右副都御史提督軍門巡按鹽政調署陝西巡撫改授湖南按察使 內擢太常寺少卿陞任光祿寺正卿 誥授資政大夫振威將軍著有吟香書室奏疏及詩文集 灼 候選布政司經歷議敘同知 誥授奉直大夫 誥封朝議大夫廣西太平府知府 炯 增廣生 貤封儒林郎光祿寺署正

胞叔祖城 誥封奉政大夫 圻 江西候補從九品慝署鄱陽萬安安仁縣縣丞吉安臨江府經歷

嫡堂叔廉鍔 道光壬辰科舉人丙申 恩科進士湖南卽用知縣署晃州直隸通判 耆鏡 陝西候補知縣署吳堡米脂甘泉縣知縣 應鈐 太學生

本生高祖妣氏劉 敕封孺人 誥贈宜人

氏沈 敕封孺人 誥贈宜人

曾祖午園 原名煇乾隆甲午科舉人歷任江西新昌廬陵縣山東甯陽縣知縣壬子科江西鄉試同考官 敕授文林郎 誥贈奉直大夫

曾祖妣氏查 誥封宜人 敕封孺人

祖立山 國學生 誥封奉直大夫 貤贈朝議大夫刑部主事加三級

祖妣氏辛 誥封宜人 貤贈恭人

胞叔士鈔 道光戊子科舉人甲辰科會試大挑一等分發江西署上高縣知縣 士鉉 候選從九品 士錦 甲辰優貢生道光癸卯科鄉試堂備 士銘 庠生

嫡堂兄鴻儀 山東候補知縣署鄒縣知縣欽加五品銜賞戴藍翎 鴻藻 福瑧 山東鉅野縣知縣歷署長清文登單縣知縣濱州知州在任候補同知 鴻壽 候選巡檢

胞兄恩穉 候選縣丞 恩勉

嫡堂姪嘉樹 嘉恩 承恩 嘉端 業儒 嘉祥 幼讀 嘉德

嫡堂姪孫世祿 幼讀

胞姊一 適山西代州人河南汜水縣知縣馮名爾熾室

本房胞姊二 長適江蘇無錫縣人華諱文藻室 次適浙江會稽縣人姚名書彬室

妻羅氏 福建漳浦縣人河南候補直隸州諱景鄂公女 河南候補布政司經歷諱成泰胞妹

妾李氏

子嘉樂 幼讀

庶祖妣氏范 誥封宜人 貤贈恭人

父心鈞 候選知縣欽加同知銜 誥授奉直大夫 晉贈朝議大夫刑部主事加三級

妣氏李 誥封宜人 晉贈恭人

本生父蘭生 原名大鏞道光壬午科舉人 誥授奉直大夫 晉贈朝議大夫刑部主事加三級以知縣分省來豫筮仕後久居杞邑因籍焉

本生妣氏黃 誥封宜人 晉贈恭人

氏李 誥封宜人 晉贈恭人

氏馮 誥封宜人 晉贈恭人

本生生母氏何 貤封孺人 晉贈恭人

庭訓

兄誨

受業知師謹以先後爲序

張杏亭夫子 名寬 江蘇松江府人

姚祇台夫子 諱德先 安徽桐城縣人歲貢生候選教諭

胡心耕夫子 諱傳華 同邑歲貢生候選教諭

黃少蘭夫子 名東岱 商城縣人光緒壬午科舉人

徐小亭夫子 諱祥麟 祥符縣人戊辰科進士翰林院編修欽加五品銜

李子襄夫子 名擢英 商水縣人丁丑科進士刑部主事

黃心垣夫子 諱見三 福建長樂縣人咸豐癸丑科進士河南候補知州前署杞縣知縣欽加運同銜

李蘊齋夫子 名培元 祥符縣人戊辰科進士翰林院編修上書房行走

郭少霞夫子 名炳新 四川人癸酉科拔貢河南即補知縣

房師

趙梅廚夫子 名鼎五 陝西蒲城縣人辛未科進士現任河南葉縣知縣

馬桂岩夫子 諱振燕 虞城縣人辛亥科舉人原任杞縣教諭

趙序東夫子 諱震鏞 同邑己酉科拔貢原任葉縣教諭

劉崑墀夫子 名集勳 湖南益陽縣人丙子科進士翰林院庶吉士前河南唐縣知縣

楊子經夫子 諱彥修 陝西臨潼縣人辛亥科亞元河南滑縣知縣前署杞縣知縣改官內閣中書

王小齋夫子 諱詹有 蘭儀縣人辛酉科拔貢候選教諭

馬伯岍夫子 諱先登 陝西人前河南開封府知府

侯實生夫子 名乃光 同邑廩膳生

姊丈章子如夫子 諱寵[illegible] 順天宛平縣人己卯科舉人

瞿子玖夫子 名鴻禨 湖南善化縣人辛未科進士翰林院侍講學士教習庶吉士前河南學政

廖仲山夫子 名壽恆 江蘇嘉定縣人癸亥科進士現任禮部右侍郎前河南學政

潘文濤夫子 名江 安徽婺源縣人丙子科進士河南輝縣知縣欽加同知銜己卯科鄉試同考官

曹霞屏夫子 諱煒 江蘇甘泉縣人癸亥科進士翰林院編修原任安徽潁州府知府己卯科河南鄉試大主考

朱石峰夫子 諱文鏡 漢軍鑲紅旗人辛未科進士翰林院編修原任陝西榆林府知府己卯科河南鄉試大主考

劉南卿夫子 諱毓枏 祥符縣人壬子科進士前安徽鳳潁六泗道

倉少坪夫子 名景愉 中牟縣人戊戌科進士前雲南按察使署布政使現主講大梁書院

佘朗軒夫子 名宗瀛 安徽六安州人甲辰科舉人前河南巡撫己卯科監臨

葉湘芸夫子 諱坤厚 安徽懷寧縣人丁酉科拔貢前署河南南汝光道己卯科提調

年伯潘辛芝夫子 名觀保 江蘇吳縣人戊午科舉人前署河南彰衛懷道己卯科內監試

唐光甫夫子 諱咸仰 廣西宣化縣人己酉科拔貢前河南按察使署布政使己卯科監試

宗室子齋夫子 名敬信 正白旗人 經筵講官吏部右侍郎本科會試知貢舉

徐季和夫子 名致祥 江蘇嘉定縣人庚申科會元都察院左副都御史本科會試知貢舉

己卯科鄉試中式第四名
覆試一等第四十七名
會試中式第二百三十六名
保和殿覆試二等第五十三名
殿試二甲第一百五名
朝考二等第二十八名
欽點主事籤分刑部

族繁祗載本支
世居杞縣南門內布政司街

會試硃卷光緒庚寅　恩科

中式第一百三十六名貢士徐鴻泰係河南開封府杞縣附生民籍祖貫直隸天津縣

同考試官翰林院編修國史館協修功臣館纂修本衙門撰文教習庶吉士加三級麗　閱

薦批　理法清真經策典贍

大總裁二品頂戴都察院左副都御史稽察左翼宗學加三級沇　取批　神味淵涵經策樸茂

又批

大總裁吏部左侍郎加三級許　取批　筆情矜鍊經策簡明

又批

大總裁都察院左都御史鑲白旗蒙古都統加三級貴　取批　詞意圓匀經策諧適

又批

大總裁經筵講官太子少保軍機大臣刑部尚書總理各國事務大臣加三級孫　中批　氣息深穩經策淹通

又批

本房原薦批

理境融澈筆意軒昂次條暢三

有興會提筆尤見力量詩圓穩

冢奎堂原批

用筆有操縱開合之致意義亦

殊精切次三明暢

子貢曰夫子之文章可得而聞也夫子之言性與天道不可得而聞也子路有聞未之能行唯恐有聞　徐鴻泰

聞道者各造其極兩賢之智勇過人也夫非性道既聞烏知得聞之僅在文章非有聞卽行安見未行而唯恐有聞君子曰微兩賢之智勇不及此且聖教必因時凡斯道淺深多寡之數固未嘗靳人以終不與聞迫人以萬不及聞也自智者善悟所聞乃覺前此之急於聞者轉若限於聞自勇者善體所聞遂覺平日之貪於聞者轉若廉於聞向非各造其極幾何不疑聞得其淺遂阻於深聞患乎多轉幸其寡也今夫吾道以遞傳而有緒博文約禮雖智者

亦必循序漸臻材力以分用而無功實踐躬行雖勇者不能兼營並騖唯然可觀子貢子路之於所聞矣人必聰明素裕而後悟道不阻於精深降衷探陰隲之原無言識行生之妙進問學以窺德性夫豈第威儀言詞之末自詡師承人必奮發有為而後體道不窮於領受問政而益猶有請告過而喜且不遑挾大力以赴修途又何至耳提面命之端猶虛擔荷性道之期於得聞也能行之唯恐無聞也豈僅得聞在文章有聞貴能行哉而要不足測吾子貢子路日用行習之恆自深造者視之則雖淺亦深物則秉彝之故自淺見者窺之則雖深亦淺其理之根於識者然也以子貢智足

知聖人道已極其深然正唯人乎其深乃歎向者性道之聞在賜力爲迎在子若爲拒也而豈夫子之果拒哉聖道之高堅莫測而學難躐等要必待基諸切近先得憑依然後知見淺遺深其得聞者非夫子故縱之不得聞者非夫子故吝之也而非親歷其境不知也斯人踐履之地事之寡者力每見多而文敵過之端事之多者力轉患寡其情之迫於時者然也以子路勇於赴道請業本不厭多然正惟不厭其多乃於前日未行之聞在人方恃其強在子路反形其怯也而豈子路之果怯哉當幾之紛沓相乘而力苦兼營究何若境稍從容不留缺陷然後知哀多益寡其唯恐無聞者

力愈果而心愈精其唯恐有聞者氣愈奮而心愈餒也而非適當其候不見也蓋其智勇之資惟天所授故由一知二有聞輒通入室升堂敦行不怠得天原獨厚而數仞直窺宮牆之富片言並無宿諾之留智勇之詣由教而成故學識非多聞參疑信父兄猶在行貴稟承至教本因材而穎悟終受一貫之傳果敢猶待兼人之退此其所以爲子貢子路也乎

本房加批

文以意爲車意以文爲馬六轡在手有駕輕就熟之妙

知所以治人則知所以治天下國家矣凡爲天下國家有九經

徐鴻泰

由治人而進推所知爲治者勿忽九經之有矣夫天下國家知所治卽知所爲矣由治人而進推之九經之有爲之者顧可忽諸且論治者必極之天下國家誠以德不廣則運量不宏道不隆則規模不備固難治難爲者也顧天下國家非難治必以倫類立之準而遐邇無或異之性情亦天下國家非難爲必於綱紀綜其條而常變有不移之典則操之有要斯措之咸宜夫是以順施之而推暨彌周約舉之而敷施有本矣治人之所以旣有由知矣斯時也

本三近以布經猷則九區式化本三近以昭經曲則九夏歸心極之治天下治國家何不可以治人之治治之乎然而誰知之而誰以之者古聖王九德咸施治具張而天下向風治功著而國家掌福以爲外治人而別矜作用而正不然也億萬人之精神祇此一二人之心性知所以則恃源以往千古斷無舍近圖遠之經綸古先王九圍是式出治者對於天下佐治者相我國家以爲離治人而別有操持而亦不然也治一人而治不見少卽以治衆人而治不加多知所以斯握要以圖上世不外通德類情之經濟天下國家之所以治非仍於治人知之乎今夫人之治也其量以天下國

家爲的而其本則由於三近之知天下國家之治也其所以由治人而推而所爲尤在九經之有且夫九經之有有極其詳備者焉有極其簡要者焉治術不攬其全則因陋就簡之端何以垂艮規於不敝惟九經目張綱舉一任乎時移代易凡圖治者皆恪守以爲程則爲之不已綜其備乎天下之望治方殷有九經則鉅細兼賅矩矱不流於疏略國家之肇基伊始有九經則源流畢貫規模彌見其恢宏於一二人啟其端卽於億萬人充其量也斯何如詳備也哉治道不權其當則揚厲鋪張之習何以監成憲於罔愆惟九經酌古準今雖極之聖帝明王凡宰治者皆範圍而莫過則爲

之不已得其要乎創制必歸於盡善有九經垂爲定則斯天下之聲教皆同法令無取乎更張有九經示以成規斯國家之典章不越治一人固精而覈治衆人尤約而賅也斯何如簡要也哉進詳其目有天下國家者尚其知所以爲可也

本房加批

如常山率然擊首尾應擊尾首應自是理法綿密之作

霸者之民驩虞如也王者之民皞皞如也　徐鴻泰

辨霸與王之異於民氣見之也夫猶是民也而既爲霸者之民自不同王者之民矣擬之以驩虞皞皞其氣象抑何異乎從來有異治無異民而民之因治術而轉移者其氣象究未嘗不較然異夫豈識治功之所以雜而暢然應於外自有可指名亦豈識治道之所以純而悠然感於中幾無從擬議由三代而後溯三代之前覺均是和親康樂之風正不難於氣象間辨其異已慨自春秋作而霸圖興風詩亡而王迹熄論治者篤近而遺遠幾謂霸者足繼乎王者而不復察其異矣顧亦嘗於其民辨之耶驩虞如也皞皞如

也其軒輊判然也吾嘗分觀其理互驗其情推其常變之殊察其
淺深之致愧挽回以無具將流極其安窮而不禁重有所感也霸
者急於見功而民驟以驩虞相應王者緩於收效而民若以皞皞
相忘蓋感以人情其情故摯孚以天性其性故眞也則理之各極
分途者有如此霸之民亦合和吐氣而不得以皞皞稱王之民亦
後舞前歌而不僅以驩虞見蓋感恩被澤形迹終拘蹈德詠仁胸
襟自擴也則情之可以互證者又如此則試推其常變之殊民猶
是摩義漸仁而霸者必作而致之以使之踊躍民猶是時雍風動
而王者惟順而施之以返其狉榛是霸實創其變而王實因其常

也由帝而王由王而霸彼民心固迥不相侔矣則試察其淺深之致霸之民非無敦樸而震於功烈驩然動其感激之私王之民非無梗頑而渾於肫誠熙然遊乎蕩平之宇是民於霸者猶淺而於王者獨深也以力者霸以德者王即民情亦已大可見矣脫令挽回有術本王道以振頹風將舞巷歌衢民趨渾噩含哺鼓腹民樂雍熙庶幾由近世之驩虞以漸致昌時之皞皞乃當舍我其誰之會遇合無因吾恐薄五霸固羞稱管仲兼三王終難繼周公也而霸者之民難覯矣而王者之民尤難覯矣倘使流極無窮即霸術亦將遞降而狹隘酷烈民愈無聊凋敝傷殘民不堪命尚難冀驩

虞於一旦更無望皐皐於百年則當所如不合之餘恫瘝徒抱吾恐王澤斬而風會日趨於下霸業衰而遷流愈無所終也而霸者之民可思矣而王者之民更可思矣嗟乎異日有王者作必不忍以雜霸之治治民然慎毋於小補之爲遽矜爲神化則三代之流風不泯也

本房加批

講下總挈有力六比平還側注其於下文正如郢人運斤成風至盡而鼻不傷

賦得城闕參差曉樹中 得門字五言八韻 徐鴻泰

破曉瞻城闕參差樹蔭繁四圍環雉堞一覽俯龍門日麗方壺境煙消罨畫村千林晴喿鵲萬瓦密排鴛碧染罘罳影青籠睥睨痕槐行遮九陌柳色鎖重垣市野濃陰合層霄曙景暄

御園春正好培植荷

天恩

本房加批

典麗稱題

杜彤

字子丹號仰滋行二同治丙寅年十一月二十七日吉時生直隸天津府天津縣縣學廩膳生民籍

始祖鴻臨
二世祖寬
二世祖妣氏王
三世祖登
三世祖妣氏劉
四世祖希曾 字景魯
四世祖妣氏張

二世胞伯叔祖靜 政
三世胞叔祖科
四世胞叔祖希聖
五世胞叔祖毓芳 毓斐 毓章 毓程
六世胞伯叔祖明月 明道
六世嫡堂伯叔祖明桂 明蘭 明樂 明魁
七世胞叔祖自有 自貴

履歷

五世祖毓秀字名山

五世祖妣氏安

六世祖明德字昕樓

六世祖妣氏王

七世祖自直字仁生

七世祖妣氏張

氏于

高祖廷理字治玉議敘八品銜

高祖妣氏宋

曾祖世安字泰交

七世嫡堂伯叔祖自立　自正　自強　自治　自徒

七世從堂伯叔祖自新　自誠　自茂　自盛

胞伯高祖廷璧　廷璐　廷現　廷瑛

嫡堂伯高祖廷瑶

從堂伯叔高祖廷璜　廷琮　廷璋　廷璉　廷玠

廷琰　廷琬　廷珠　廷珍

胞伯曾祖世順議敘九品銜

嫡堂伯叔曾祖世興　世達　世旺　世祥　世林

世鳳

從堂伯曾祖世發

曾祖妣氏桂
祖光照字旭林貢生著有清夜齋詩草待梓
貤贈奉直大夫翰
林院庶吉士加三級
祖妣氏王太學生諱繻公女貢生　誥贈
武德騎尉諱元慶公胞
姊候選守禦所千總印
鴻藻公武庠生候選衛
千總諱鴻賓公　欽加
五品銜候選守禦所千
總諱鴻儀公太學生議
敘九品銜諱鴻逵公武
庠生印鴻賓公胞姑
欽加四品銜候選都司
印銳堂公嫡堂姑光緒
己丑恩科舉人印兆
泰嫡堂祖姑太學生河

再從堂伯叔曾祖世合　世太　世平　世年　世俊
世和
嫡堂伯叔祖光成太學生　光裕太學生　光遠武庠生
從堂伯叔祖天錫　簫成　韶成　天相　天福　天
祿
再從堂伯叔祖學成　學重
族伯叔祖守仁　守義　守有　守相　守禮　守智
守信　學本
胞伯元憲邑庠生
從堂伯叔元慶太學生　元齡太學生　元翰郡庠生　元英廩膳生　元

二

工議敘九品銜印兆新
武庠生印兆濂太學生
候選府經歷印兆麟太
學生候選鹽大使印兆
鼎太學生印兆奎胞
祖姑　貤贈宜人

父元芳字雨村　誥贈奉直大夫翰林院庶吉士加三級

母氏徐雍正乙卯科舉人山東武定府知府
署濟東泰武臨道乾隆
癸酉科廣東鄉試同考
官預千叟宴諱觀孫公
元孫女廣東廉州府知
府　賞戴藍翎諱如灝
公曾孫女廩膳生河南
開封府清軍同知　賞
戴藍翎諱如源公乾隆

員議敘從　熙九品

再從堂伯叔　慶蔭　善蔭　宗蔭　魁蔭　杉蔭

族伯叔　清蔭　璞蔭　起發　起順　起旺　起得

起富　起貴　起鳳　寶蔭

胞兄彬出嗣胞伯元憲公　貤封奉直大夫翰林院庶吉士加三級

再從堂兄弟　大麟太學生　大年　大椿　家麟　兆麟

瑞麟　翔麟　大同　大容　大田　大賓　大

湧　大坊　大璽

族兄弟　大勇　大增　大彰　兆祥　兆貴　兆富

來麟　福麟　虞麟　吉麟　呈麟　書麟　鍾

庚子恩科同榜進士
福建臺灣府知府諱汝
瀾公翰林院庶吉士諱
瀾公姪曾孫女嘉慶庚
午科挑取謄錄國史
館檢校諱彙吉公孫女
嘉慶庚申科舉人湖南
溆浦縣知縣諱東理公
嘉慶乙丑同科翰林諱
鑑公諱銓公廣西象州
知州諱棨軏公河南鄧
州知州諱柱臣公兩浙
鹽運司運副諱枋詔公
廣東鶴山縣知縣諱櫄
元公雲南府水利同知
諱榕生公嫡堂姪孫女
郡庠生諱家照公女兩
淮鹽知廳諱鏃杰公議
敘從九品銜諱景烜公
庠生諱裕焜公胞姪女

麟　雅麟　夢麟　應麟
嫡堂姪炳南 幼
再從堂姪樹榮　樹楨　樹棠 議敘從九品銜　樹滋　樹屆
樹華　樹楷　聯珠　聯萼　聯標　聯珂
聯輝　聯步　聯榮　聯序　聯鑫　聯鋆　聯
奎　樹森　樹勳　樹人　聯琦　聯琇　聯聚
聯綬　聯釗　聯捷　聯陞
族姪春第　春疇　春泳　春景　春鐸　春臺
春藻　春會　春波　春華　春澤　春棠　春
城　春雨　聯珩　聯潤　聯溪　聯第　聯繡

尾

湖北棗陽縣知縣諱然
公江陵縣知縣諱文灼
公廣東電茂場大使諱
以煊公山東新泰縣知
縣諱用熙公堂姪女湖
北漢陽縣典史欽加
六品銜諱景照公從堂
姪女太學生諱大坊公
胞妹邑庠生印墳公胞
姊河南候補典史印步
墀公從堂姊業儒印鏡
軍功議敘五品銜賞
戴藍翎印鋼業儒印士
銅胞姑誥封宜人

慈侍下

庭訓

慈訓

聯洲 聯澤 聯書

再從堂姪孫雲程 雲卿 雲漢 雲書 雲鵬

雲升 雲龍 雲奇 雲錦

再從堂姪曾孫在文

娶劉氏 敕封登仕郎諱體乾公孫女太學生諱汝霈公次女太學生印景祐胞妹

子 俱

女二 幼

族繁不及備載

世居楊柳青鎮

胞伯訓

業師謹以先後爲序

從堂伯衍堂夫子諱元慶詳前

尹蔭庭夫子印向槐庠生

從堂叔菊泉夫子諱元英詳前

母舅徐牧山夫子印墳詳前

表兄高芝巖夫子印學勤庠生

尹澄甫夫子印桂淞同治癸酉科舉人光緒庚辰科會試大挑一等分發浙江知縣

課師

華竹軒夫子印金壽前主講崇文書院

履歷

王曾賢夫子 印恩湛 前主講崇文書院

楊香吟夫子 印光儀 主講輔仁書院

張幼樵夫子 印佩綸 前主講問津書院

黃再桐夫子 諱國瑾 前主講問津書院

李越縵夫子 印慈銘 主講問津書院

宋允卿夫子 印乃恭 前任天津縣知縣

陳序東夫子 印以培 前任天津縣知縣

姚鐵山夫子 印長齡 前任天津縣知縣

宫玉甫夫子 印昱 前任天津縣知縣

孫稼坪夫子 印錫康 前任天津縣知縣

李搏霄夫子 印振鵬 現任天津縣知縣
馮少芝夫子 印清泰 現任天津河防分府
汪子常夫子 印守正 前任天津府知府
鄒岱東夫子 印振岳 現任天津府知府
呂廷芷夫子 印耀斗 前署天津河間兵備道
劉崑圃夫子 印秉琳 前任天津河間兵備道
萬蓮初夫子 印培因 前任天津河間兵備道
劉景韓夫子 印樹棠 前署天津河間兵備道
胡芸楣夫子 印燏棻 前任天津河間兵備道
周子瑜夫子 印懋琦 現任天津河間兵備道

歷

劉獻夫夫子 印 汝翼 前任津海關道

年伯周玉山夫子 印 馥 前任津海關道

李勉林夫子 印 興鋭 現署津海關道

冠九夫子 諱 如山 前任長蘆鹽運使

賀幼甫夫子 諱 良楨 前任長蘆鹽運使

玉如夫子 印 額勒精額 前任長蘆鹽運使

季士周夫子 印 邦楨 現任長蘆鹽運使

張振軒夫子 諱 樹聲 前署直隸總督

年伯李少荃夫子 印 鴻章 現任直隸總督

受知師

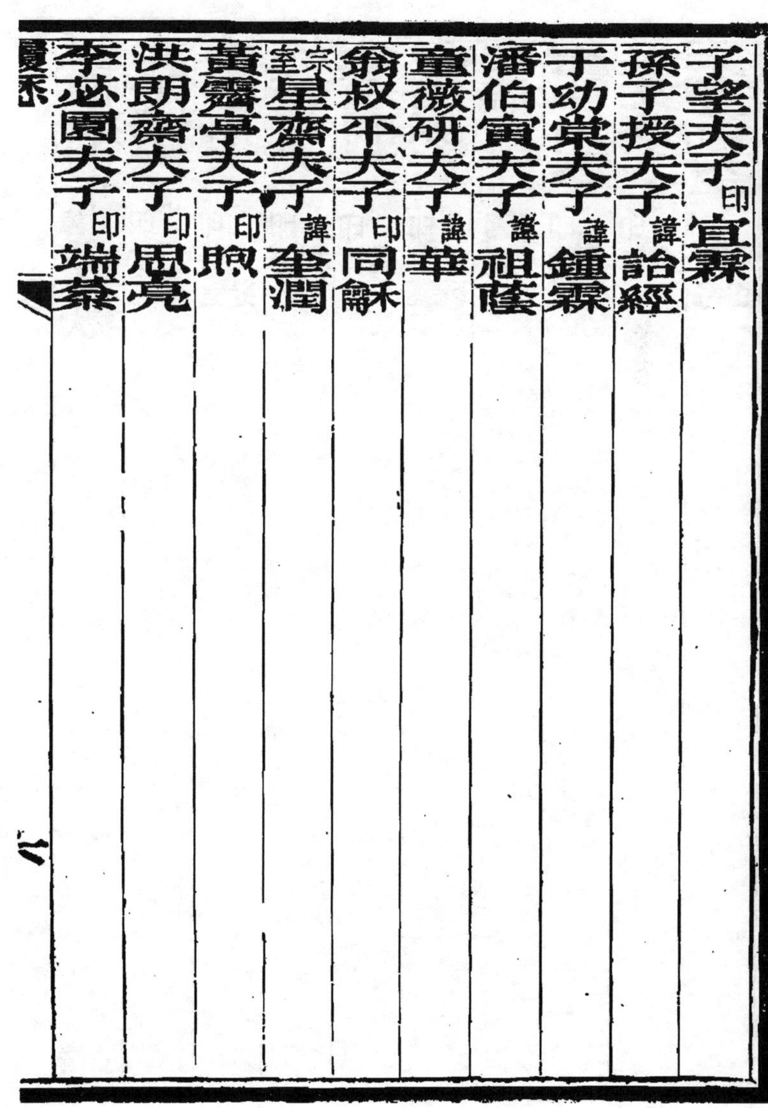

子望夫子 印 宜霖

孫子授夫子 諱 詒經

于幼棠夫子 諱 鍾霖

潘伯寅夫子 諱 祖蔭

童薇研夫子 諱 華

翁叔平夫子 印 同龢

宗室星齋夫子 諱 奎潤

黃霽亭夫子 印 煦

洪朗齋夫子 印 恩亮

李苾園夫子 印 端棻

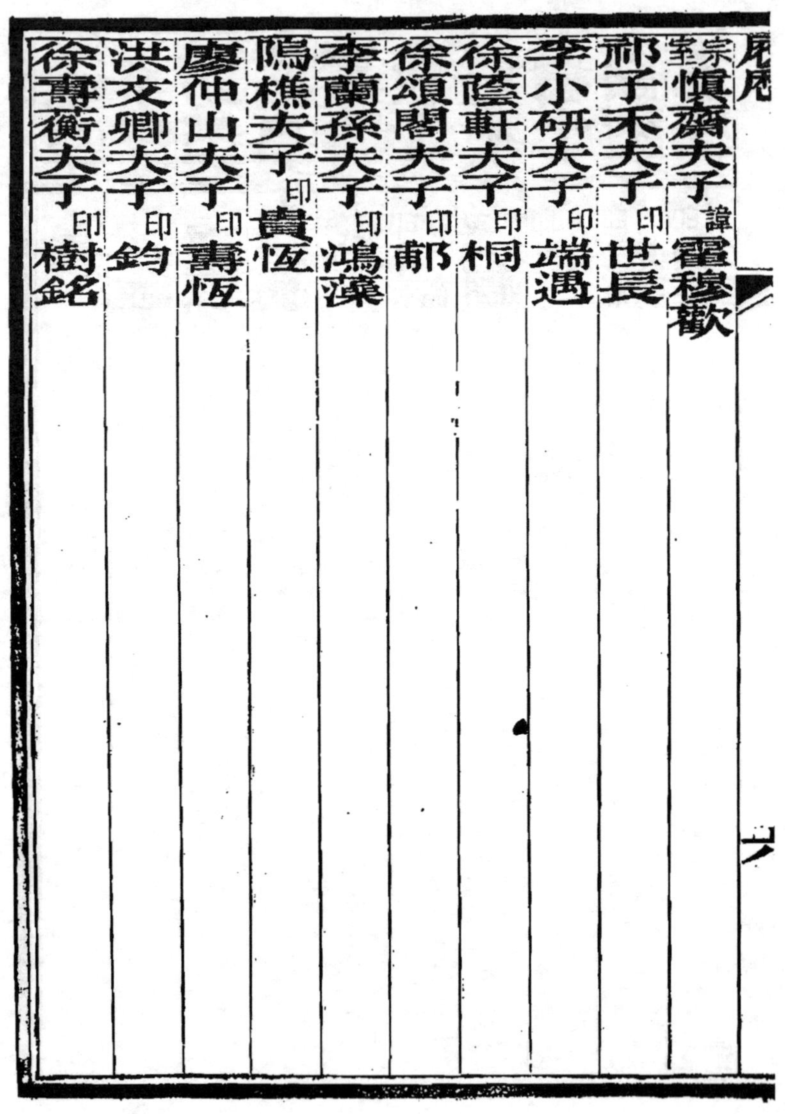

屘屘

宗室慎齋夫子諱霍穆歡

祁子禾夫子印世長

李小研夫子印端遇

徐蔭軒夫子印桐

徐頌閣夫子印郙

李蘭孫夫子印鴻藻

隝樵夫子印貴恆

廖仲山夫子印壽恆

洪文卿夫子印鈞

徐壽衡夫子印樹銘

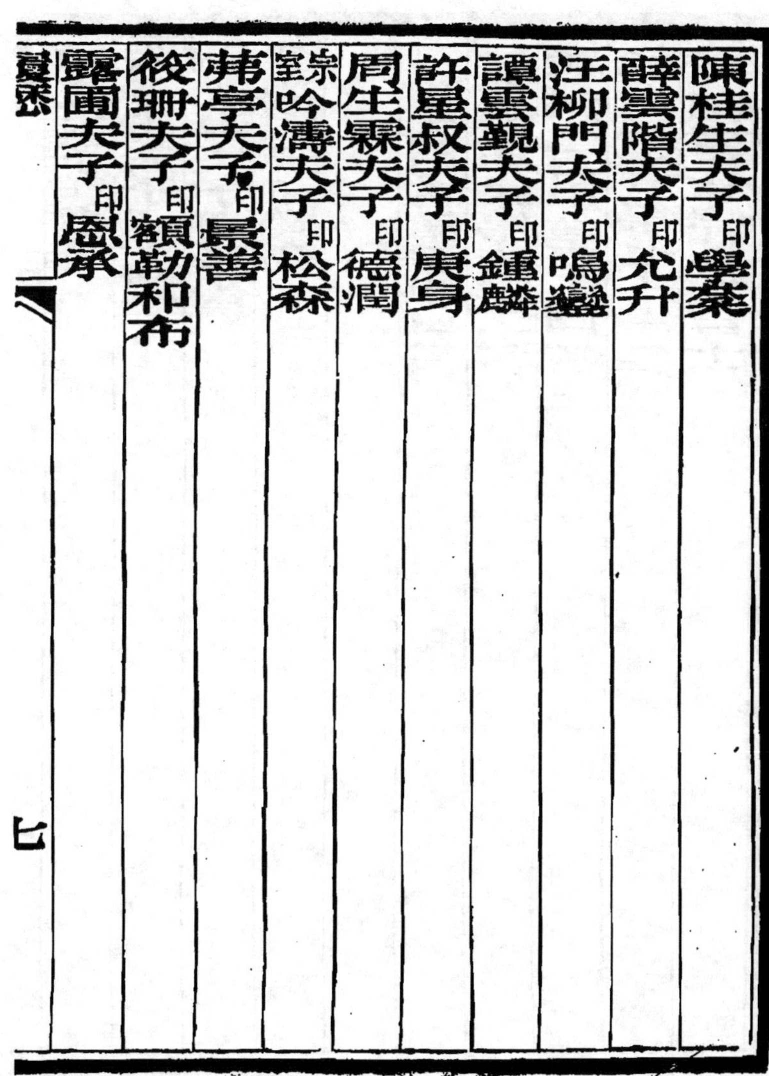
陳桂生夫子 印 學棨
薛雲階夫子 印 允升
汪柳門夫子 印 鳴鑾
譚雲覲夫子 印 鍾麟
許星叔夫子 印 庚身
周生霖夫子 印 德潤
宗室吟濤夫子 印 崧森
茀亭夫子 印 景善
筱珊夫子 印 額勒和布
露圃夫子 印 恩承
夏丞

[illegible]

穎之夫子 印 啟秀

張子青夫子 印 之萬

宗室芝舫夫子 印 麟書

華卿夫子 印 榮慶

鄉試中式第百四十四名

會試中式第百五十一名

殿試二甲第十四名

朝考一等第七十一名

欽點翰林院庶吉士

欽命四書詩題

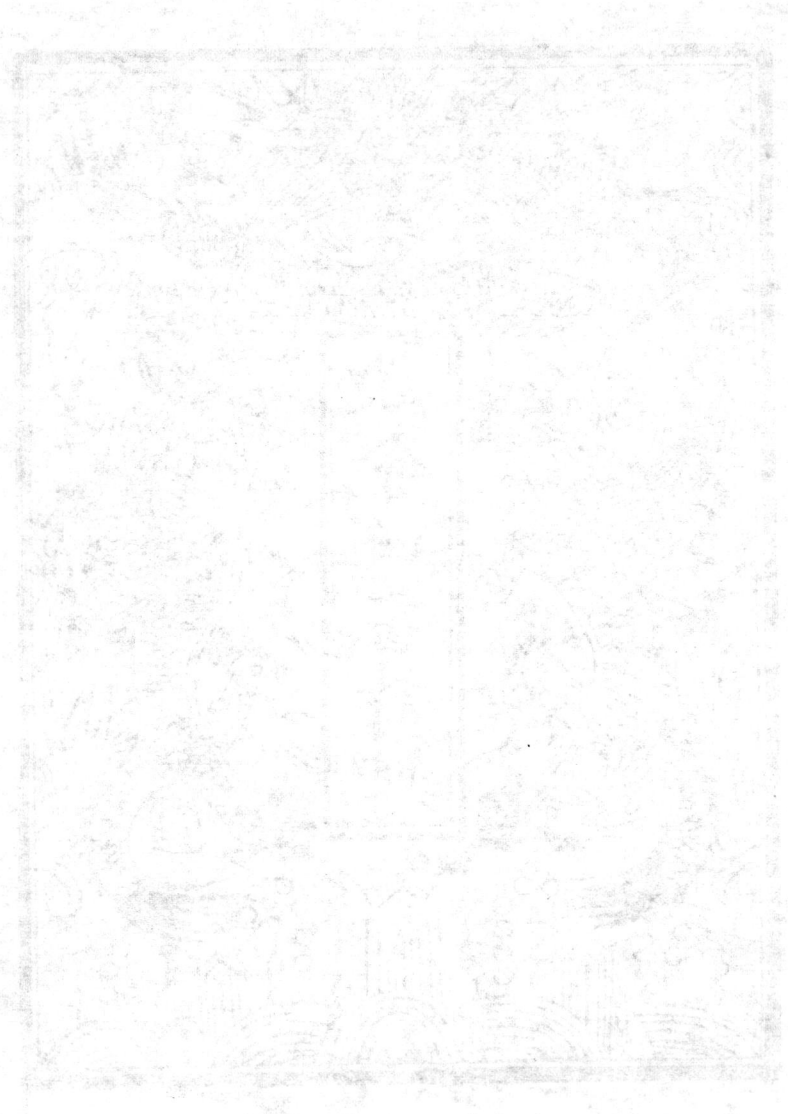

趙士琛

字續廷號獻夫行二咸豐丁巳年九月十九日吉時生直隸天津府天津縣府學優廩生民籍

高祖柏齡 字介亭議敘主簿

高祖妣氏魏

曾祖秉政 字廣誠

曾祖妣氏趙

祖學曾 字煥章 覃恩貤贈奉政大夫翰林院庶吉士加四級

祖妣氏楊 覃恩貤贈宜人

父虎臣 字輔廷武監生咸豐戊午科武舉軍

胞曾叔祖秉直

胞伯祖學銘

胞叔祖學敏

嫡堂叔祖明善

胞叔春慶 字杏林候選州吏目

鳳翥 原名春煦字彤翻國子監生 國史館謄錄議敘州吏目候選同知

嫡堂叔春城

從堂叔春臺

功六品頂戴天津鎮標
唐官屯管河把總　覃
恩誥贈奉政大夫翰
林院庶吉士加四級
母氏劉　覃恩誥
贈宜人
繼母氏高　同邑處士諱成
發公女名興公
胞姊國子監生名旺公
堂姊候選從九品名維
林胞姑　旌表節孝奉
旨建坊入祠　覃恩
誥封
宜人
本生父芬　原名春瀛字怡
堂　實錄館供
事議敘縣丞揀發浙江
原任歸安縣縣丞委署
安吉縣縣丞兼署典史
敕授修職郎　覃恩
貤贈奉政大夫翰林
院庶吉士加四級

本生兄弟士珍　士琦
嫡堂弟士瑗殤　士璘
再從弟士瑋　士瑞
胞姑　適同邑　誥封武德騎尉陳
公諱朝紀次子從九品名璋
本生姊　適同邑從九品職銜王公諱
恩深長子國子監生名士珍
妹　適同邑　例
封登仕郎鮑
公諱恩第次
子名仲卿
娶王氏　同邑　誥封昭武都尉諱作賓公孫女國子
監生諱勵清公女附貢生名士清公堂姪女
敕授承德郎六品
職銜諱文善胞妹
繼娶梅氏　同邑　敕授修職佐郎歲貢生候選訓導
諱琳公曾孫女　敕授文林郎　誥封中
憲大夫道光已酉科咸豐乙卯科副貢道光庚戌
考取八旗漢教習候選知縣諱之楨公孫女　誥
授奉政大夫國子監生　國史館供事議敘縣丞
候選同知諱紹瀛公女縣學廪膳生光緒戊子科

李生母氏陳 同邑 敕封 宣德郎諱國
斌公女 敕封宣德郎
諱國傑公胞姪女國子
監生名恩貴公胞姊五
品頂戴郎選縣丞名恩
培公嫡堂姊國子監生
名壽珍名壽仁胞姑縣
學生員名壽鈞嫡堂姑
敕封孺人 覃恩貤
贈宜
人

李繼母氏于 同邑五品銜候選鹽
大使諱晉吉公女縣學
生員諱震吉公縣丞銜
諱豐吉公候選典史諱
恒吉公胞姪女候選府
經歷諱克昌公胞妹府
學廩膳生名克勤公嫡
堂姊縣學生員諱桂榮
胞姑 敕封孺人 覃

優貢 朝考一等以知縣用 欽加同知銜名振
瀛公國子監生候選從九品諱承瀛公胞姪女業
儒名會慶胞姊
名會熙嫡堂姊
胞姪維鈐 維枳
子
女

恩貤封

宜人

繼慈 本生繼慈 侍下

庭訓

受業師 謹以先後爲序

于湘園夫子 名 世棻 歲貢生候選訓導

孫初泉夫子 諱 右淇 縣學生員

周錦江夫子 名 灝 附貢生候選訓導

于鈞庵夫子 諱 士祜 咸豐乙卯副貢候選訓導著有南有吟亭詩草

吳蔭棠夫子 諱 作霖 廩貢生候選訓導

張子笏夫子 名 紳 同治壬戌恩科舉人辛未大挑二等現官博野縣訓導

楊心栽夫子 名 境之 同治癸酉舉人光緒庚辰大挑一等現官甘肅崇信縣知縣

課師

楊雨田夫子名俊坊縣學生員

陳揖爽夫子名塏咸豐辛酉舉人同治壬戌考取宗學漢教習前官廣東和平潮陽縣知縣

吳曉滄夫子名中彥現官廣平府知府前天津河防同知

繆鴻初夫子諱冠瀛咸豐癸丑進士前吏部主事

穀春夫子諱續興前天津府學教授

劉鹿苹夫子諱寶前天津府學訓導

李鐵梅夫子諱嘉端道光己丑進士安徽巡撫前掌教問津書院

張幼樵夫子名佩綸同治辛未進士翰林院侍講學士署都察院左副都御史前掌教問津書院創設學海堂經古課

李越縵夫子名慈銘光緒庚辰進士戶部郎中現官山西道監察御史掌教問津書院並課學海堂經古課

楊香吟夫子名光儀咸豐壬子舉人選授東光縣教諭著有碧琅玕館詩鈔現掌教輔仁書院

原

李少荃夫子名鴻章道光丁未進士文華殿大學士一等肅毅伯直隸總督

冠九夫子諱如山道光戊戌進士前長蘆鹽運使剏設學海堂經古課

玉如夫子名額勒精額咸豐己未進士現官廣東按察使前長蘆鹽運使

年伯胡雲楣夫子名燏棻同治甲戌進士現官廣西按察使前天津河間兵備道

呂庭芷夫子名耀斗道光庚戌進士前署天津河間兵備道

鄭玉軒夫子名藻如咸豐辛亥恩科舉人前津海關道

年伯周玉山夫子名馥現官直隸按察使前津海關道

吳摯甫夫子名汝綸同治乙丑進士前署天津府知府

汪子常夫子名守正現官宣化府知府前天津府知府剏設稽古書院

鄒岱東夫子名振岳同治癸亥恩科進士現官天津府知府

嚴小舫夫子名信厚二品頂戴候選道前署長蘆鹽運分司

宮玉甫夫子名昱直隸候補直隸州知州前天津縣知縣

李星野夫子名兆珍同治癸酉舉人大挑一等直隸候補知縣襄校輔仁書院課卷

受知師

萬子和夫子諱年豐前天津府知府

子箋夫子名宜霖直隸候補道前天津府知府

郭紹庭夫子名奇中直隸候補知府前天津縣知縣

徐季和夫子名致祥咸豐庚申恩科進士現官都察院左副都御史前順天學政光緒庚辰歲試蒙取入學

周生霖夫子名德潤同治壬戌進士現官刑部右侍郎前順天學政光緒己丑歲試蒙取一等補廩

熊經仲夫子名方燧光緒己丑進士現官翰林院編修辛卯鄉試同考官

許星叔夫子名庚身同治壬戌進士現官兵部尚書辛卯鄉試大主考本科會試覆試閱卷大臣

廖仲山夫子名壽恆同治癸亥恩科進士現官戶部左侍郎辛卯鄉試大主考本科會試覆試朝考閱卷大臣

徐壽衡夫子 名樹銘 道光丁未進士現官工部右侍郎辛卯鄉試大主考本科 朝考閱卷大臣

宗室慎齋夫子 諱霍穆歡 咸豐丙辰進士前內閣學士兼禮部侍郎銜辛卯鄉試大主考本科會試大總裁

呂筱蘇夫子 名珮芬 光緒庚辰進士現官翰林院編修本科會試同考官

翁叔平夫子 名同龢 咸豐丙辰進士現官戶部尚書本科會試大總裁 殿試讀卷大臣 朝考閱卷大臣辛卯鄉試覆試閱卷大臣

祁子禾夫子 名世長 咸豐庚申 恩科進士現官工部尚書本科會試大總裁辛卯鄉試覆試閱卷大臣

李苾園夫子 名端棻 同治癸亥 恩科進士現官內閣學士兼禮部侍郎銜本科會試大總裁

李蘭孫夫子 名鴻藻 咸豐壬子 恩科進士現官禮部尚書辛卯鄉試覆試閱卷大臣本科 殿試讀卷大臣

宗室吟濤夫子 名松森 同治乙丑進士現官理藩院尚書辛卯鄉試覆試閱卷大臣本科會試覆試閱卷大臣

徐頌閣夫子 名郙 同治壬戌進士現官吏部右侍郎辛卯鄉試覆試本科會試覆試閱卷大臣

茀亭夫子 名景善 同治癸亥 恩科進士現官禮部右侍郎辛卯鄉試覆試本科會試覆試 朝考閱卷大臣

薛雲階夫子 名允升 咸豐丙辰進士現官刑部左侍郎辛卯鄉試覆試本科會試覆試 朝考閱卷大臣 殿試讀卷大臣

徐蔭軒夫子名桐道光庚戌進士現官吏部尚書協辦大學士本科會試覆試閱卷大臣

塢樵夫子名貴恆同治辛未進士現官刑部尚書本科會試覆試 朝考閱卷大臣教習庶吉士

譚文卿夫子名鍾麟咸豐丙辰進士現官吏部左侍郎本科會試覆試 朝考閱卷大臣

汪柳門夫子名鳴鑾同治乙丑進士現官工部左侍郎本科會試覆試 朝考閱卷大臣 殿試讀卷大臣

洪文卿夫子名鈞同治戊辰進士現官兵部左侍郎本科會試覆試閱卷大臣

筱山夫子名額勒和布咸豐壬子恩科進士現官大學士本科[illegible]試[illegible]大臣

露圃夫子名恩承現官大學士本科 殿試讀卷大臣

陳桂生夫子名學棻同治壬戌進士現官內閣學士兼禮部侍郎銜本科 殿試讀卷大臣

穎之夫子名啟秀同治乙丑進士現官禮部左侍郎本科會試知貢舉 殿試讀卷大臣 朝考閱卷大臣

張子青夫子名之萬道光丁未進士現官大學士本科 朝考閱卷大臣

宗室芝蓀夫子名麟書咸豐癸丑進士現官吏部尚書本科 朝考閱卷大臣

居處

孫燮臣夫子名家鼐咸豐己未進士現官都察院左都御史教習庶吉士

李小研夫子名端遇同治癸亥恩科進士現官通政使司副使本科知貢舉

馮夢華夫子名煦光緒丙戌進士現官翰林院編修教習庶吉士

辛卯鄉試中式第三百八十七名

保和殿覆試一等第二十六名

會試中式第一百九十二名

保和殿覆試二等第十八名

殿試二甲第六十四名

朝考一等第十三名

欽點翰林院庶吉士

住北門外文昌宫西

會試硃卷 光緒壬辰科

中式第一百九十二名貢士趙士琛直隸天津府天津縣府學優稟生民籍

同考試官翰林院編修國史館協修加三級呂 閱

薦批

大總裁內閣學士兼禮部侍郎銜 文淵閣直閣事稽察中書科事務左翼宗學加三級李

取批 詞義精確

大總裁內閣學士兼禮部侍郎銜 文淵閣直閣事稽察左翼四旗覺羅官學加三級霍

取批 機神流暢

大總裁 經筵講官工部尚書兼管順天府府尹事務管理戶部三庫事務稽察京通十七倉大臣加三級祁

取批 神味淵永

大總裁 經筵講官 毓慶宮行走太子少保戶部尚書管理國子監事務會典館副總裁加三級翁

中批 風度端凝

本房原薦批

以言字詁題意頗新奇語亦簡鍊文融貫禮經無義不精無語不確洵爲僅見之作三明晳徵引繁博尚不支離書用本經成語章法自然

聚奎堂原中批

以言字融兩章文品峻潔文深明禮意三謹嚴詩可經暢策滿

子曰君子矜而不爭羣而不黨子曰君子不以言舉人不以人廢言

趙士琛

無爭黨之迹乃不誤於聽言焉夫矜而爭羣而黨無不誤於聽言者而豈知君子不然乎且一言而爲天下法者聖人也有言似聖人之言者不能盡天下之人心而使之平不能徧天下之人心而使之公不平不公無惑乎求異於人者多求同於人者衆而天下之言之同異無以抉擇於其間何則緒説有是非敬以持之則立辨衆論有得失虛以受之則易明能介能和君子所爲先天下而擇其言也我躬之敬肆律之以諷議而愈嚴一念之和同進之以

箴規而鮮失不隨不激君子所爲先天下而納其言也然而矜易爭羣易黨也盛氣陵人或以言爲人之取舍徇情待物或以人爲言之重輕矜與羣不化其偏妄有言如其人而人如其言者然而爭類矜黨類羣也矯孤高絕物之心必至以言而誤信其人懲朋比爲私之弊必至以人而輕疑其言羣與黨不融其迹妄有人必因乎言而言必因乎人者持躬而不鄰於忿戾處衆而不失於詭隨平其心與天下相涵而後知執言以概人執人以概言者猶是乖違之失與其阿比之私峻崖岸而不涉於矯持泯畛域而不同於標榜公其心與天下相見而後知不以言而定其人不以人而

例其言者莫非涵養之功與其包容之量人不以言舉言不以人廢非不爭不黨自不誤於聽言乎

本房加批

側重上章而下章歸併聽言一邊細按之確有至理結構謹嚴詞意簡老是題陳陳相因語一掃而空

李越縵夫子榜前批

以言字摶捖兩章妙有鑿鑿名理惜墨如金足以制勝

斯禮也達乎諸侯大夫及士庶人

趙士琛

禮以成孝治之德達於天下焉夫禮不獨行於天子而達乎諸侯大夫士庶人焉非以成孝治之德乎且儀禮一書其禮有士爲先而諸侯次之者有士爲先而大夫次之諸侯次之者有諸侯爲先而天子次之者意者敘次之法自下而達於上乎而獨至禮之制自天子者惟天子得以行之正未必自上而下能徧及乎天下焉雖然亦未知周公制禮之意也上祀先公以天子之禮其斯爲行於天子者乎夫天子者固合諸侯大夫士庶人而胥以孝治之者也攷之諸侯五廟二昭二穆大夫三廟一昭一穆士一廟庶人無

○○○○○○○○○○○○○○○○○○○○○○○○○○
廟然古人之制大夫不祀其高曾士不祀其祖則雖諸侯亦有拘
○○○○○○○○○○○○○○○○○○○○○○○○○○
於禮而不得祀其祖考者周公曰禮也者古今異宜禮緣人情當
○○○○○○○○○○○○○○○○○○○○○○○○○○
隨時爲之損益夫諸侯不敢祖天子大夫不敢祖諸侯固已諸侯
○○○○○○○○○○○○○○○○○○○○○○○○○○
大夫雖有五廟三廟之制而苟非傳襲數世則亦不能備此五廟
○○○○○○○○○○○○○○○○○○○○○○○○○○
三廟之禮至於士庶人則古者以字爲氏受氏之後甫及一傳即
○○○○○○○○○○○○○○○○○○○○○○○○○○
有嫡有庶嫡宗子也庶支子也苟非宗子不得祀於其家凡爲是
○○○○○○○○○○○○○○○○○○○○○○○○○○
者蓋懼上僭而不敢祀非薄其親而不祀也然諸侯不敢祖天子
○○○○○○○○○○○○○○○○○○○○○○○○○○
而天子之爲祖者自有天子祀之禮在則然大夫不敢祖諸侯而
○○○○○○○○○○○○○○○○○○○○○○○○○○
諸侯之爲祖者自有諸侯祀之禮在則然支子不敢祀大宗而大

宗之爲祖禰者自有宗子祀之禮在則然周公準情制禮推廣孝思所以成孝治之德而禮不獨行於天子者無他達之天下也

本房加批

辨證明碻根柢槃深其說禮之處純從反面透出語語徵實筆筆翻空至篇終醒出達字章法渾成以視鋪張題面者相去奚啻霄壤

井九百畝其中爲公田八家皆私百畝同養公田

趙士琛

畝之數定以九百皆以私養公焉夫田於井中者有九百畝井田之制也八家皆私百畝則公田之百畝有不同養者乎且自井田之制廢舉公田而私之實舉私田而公之也然有公田而不計其私無私田而先之以公吾恐分田之不以井授者欲其以私奉公也勢必不能方里而井以開方之法合縱横而計之闊一步長百步爲畝畝百爲夫此以横數之也夫三爲屋此以縱數之也屋三爲井此又以横數之也故闊三百步長三百步爲方里以一而數

之三百步止得里四之一意以爲匠人以九起數若併其溝地而計之卽十夫遂人以十起數去其空積亦只九夫助法有公私內外蓋非九則不成井田之形體焉由此推之十井九千畝公田八百畝私田八千畝夫家八十家是八十家皆私八千畝而養千畝之公田百井方十里井田九萬畝公田八千畝私田八萬畝夫家八百家是八百家皆私八萬畝而養萬畝之公田推之千井之夫家八千家萬井之夫家八萬家各有其私田各養其公田而其以九起數也無不同今滕地方五十里僅得二千五百井容二萬五千夫因井而區其畝則數且以九百畝爲率此九百畝者其中爲

公田其外爲私田合之九百畝分之則公百畝而私八百畝私田之八百畝八家皆私之公田之百畝八家同養之舉私田而公之實舉公田而私之也不然孰肯舍其田而芸人之田哉

本房加批

引證詳晰筆致羅羅清疏小講言簡意賅尤擅一篇之勝

賦得柳拂旌旗露未乾得春字五言八韻　趙士琛

柳外旌旗拂天階一色新未乾千點露如寫十分春煙縷縈

金闕雲蓊煥玉宸翠迎仙仗隊衣溼早朝人泣月花光亞翻

風鳥語瞋樓臺清有韻閶闔潤無塵樹杪晨曦薄枝閒淑氣

匀流甘歌

聖世多士樂垂紳

本房加批

雅韻欲流

順天鄉試硃卷光緒辛卯科

中式第二百六十七名舉人趙士琛直隸天津府天津縣廩膳生民籍

同考試官翰林院編修加三級熊　閱

薦批　詞達理舉經策周詳

大主考內閣學士兼禮部侍郎銜加三級霍

取批　息深達亹經策淹通

大主考工部右侍郎兼署兵部右侍郎加三級徐

取批　局正詞純經策淵懿

大主考戶部左侍郎兼管三庫事務兼署兵部左侍郎總理各國事務大臣加三級廖

取批　氣疏以達經策詳明

大主考太子少保頭品頂戴兵部尚書　軍機大臣總理各國事務大臣　國史館副總裁　方略館總裁　會典館副總裁加三級許

中批　言明且清經策該洽

本房原薦批

第一場

筆意清爽無甜俗氣詩穩

第二場

易原原本本言明且淸書高文典册瓌瑋喬皇詩宗法左徒軼

蕩俶俺春秋議論閎達禮引據精確合觀五藝才气淸俊詞采

繽紛自是讀書好古之士

第三場

條對明晰論斷簡當非讀書有識者不辦

聚奎堂原批

文氣間有生澀處而筆墨不同庸俗經策賅洽錄之以勵汲古

之士

言忠信行篤敬

趙士琛

爲務外者示以言行進之以誠也夫忠信篤敬言行之誠也子以張之務外而告之非進之以誠乎且吾人存誠之學本乎中者爲最先凡云爲之相見以誠者皆其外焉者也豈知積中乃能發外愼檢於無言之表而眞意相孚形外必本誠中謹持於制行之原而神明不懈人第見樞機之發無可議無可糾矣而在我足以對人者祇此寸心之誠慤也子以行問亦知有裕於行之先者其反身而誠之樂初非自外至乎天地生我於文物之區則言物行恆皆吾分中所應盡而遑云務外也天下之望我以德深於望我以

才將以言行爲畜德之徵則宜其德而爲言推其德而爲行德與言行必無分也聖賢示我以庸常之理則言坊行表侚難策力而交修而何敢務外也天下必知我處心乃可知我處世將以言行爲見心之用則實其心以成言精其心以成行心與言行必無二也然則言之誠則忠信是行之誠則篤敬是予也務外盍求之言行中乎不言而信不動而敬如是其推誠以相與也求實不求名焉華士視爲迂矣然而非可外求也彼蒼民彝物則之良不能有所私而獨厚而即言行以徵誠復孰不欲備此功能而在我有持循舉天下同具之至情先盡於一心而無歉人即以忠信篤敬一

一責其實而全此心與萬物相接固未嘗一節有虧也當勿存務外之見而已矣庸言之信庸行之謹如是其著誠而不僞也問世先問心焉才人不自安矣然而難以外致也吾人中正齊莊之德必待體諸躬而始全而即言行以驗誠通孰不思獲此造詣而在我有因應舉天下虛懸之隱願實徵諸一己而無遺人即以忠信篤敬歷歷察其微而出此心與萬物相從亦未嘗一端假託也倘其袪務外之弊而已矣爾室無自欺之隱而忠以通德信以類情篤以黜浮敬以式靡何難以意廣才高之士而無過則者因無過辭吾人應萬變之紛而忠以爲謀信以固志篤以守道敬以制心

所貴無好高務遠之爲而能寡尤者亦能寡悔蠻貊可行其加意於言行而進以誠乎

君子之道淡而不厭簡而文溫而理

趙士琛

歷思日章之實君子不自知也夫淡簡溫外之絅也不厭而文且理內之錦也卽其道而思之君子豈自知乎且道之闇然日章者誠以其爲己之心雖美在其中而未嘗自見爲美文見乎外亦未嘗自炫其文也夫極其闇然之意則於己斂其情於事斂其才於物斂其智而充其日章之實則於情無不慊於才無不顯於智無不施是闇一時也章又一時也而正不然外之絅人之所見也內之錦人之所不見也因人不見其錦而但見其絅闇然者其道故有以爲淡以爲簡以爲溫者絅之襲己之所知也錦之美己之所

不知也惟己不知為錦而但知為絅日章者其道故有以為不厭以為文以為理者然而淡易於可厭簡易於不文溫易於不理也於是著詭奇之論而託為不厭修繁飾之容而託為文矜姸嫵之辨而託為理是淡簡與溫若與不厭文理者適相反也然而淡疑於可厭簡疑於不文溫疑於不理也於是求隱僻之理而信其不厭衍謬悠之說而信其文逞刻覈之智而信其理是不厭文理若與淡簡而溫者不相因也然而謂不厭者必不淡淡而竟不厭焉文者必不簡簡而竟文焉理者必不溫溫而竟理焉在君子不但不知有淡簡溫並不自知有不厭文理也則道之繫於君子者已

見於立心之始矣道日章矣然而謂淡者一於淡淡而復不厭焉簡者一於簡簡而復文焉温者一於温温而復理焉在君子微特不以爲淡簡温且不自以爲不厭文理也則道之著於君子者早見於爲學之初矣道闇然矣惟不厭所以淡惟文所以簡惟理所以温所學初無兩候耳若謂先不厭而文且理而後繼之以淡簡温是權術之所爲而君子無是也惟淡乃能不厭惟文乃能簡惟理乃能温其理本自一貫耳若謂能淡簡而温而猶未至於不厭而文且理是性體之未充而君子不爾也君子之道其闇然日章者如此

詩曰天生蒸民有物有則民之秉夷好是懿德

趙士琛

引蒸民之詩而性善之旨明矣夫詩之言天者性原於天也蒸民數語不可證性善之旨乎且天之賦性於人與人之受性於天者初無聖凡之別也又豈有異同之好尚哉惟天之賦性於人也有其事有其法胥徵稟賦之無私惟人之受性於天也同此理同此心莫不奉持而弗失自來論性之書羣經悉備而一爲扢揚風雅則吉甫之作正可援以爲證已吾言性善請徵諸蒸民之詩夫是詩也果何如哉古訓是式性之正也威儀是力性之全也主聖臣

賢卽不溯賦畀於生初而統千百族之性情初無異致不侮矜寡性之德也不畏彊禦性之眞也化行俗美卽不爲區分於其際而合億兆人之性始豈有殊途其詩曰天生蒸民則非降才爾殊有善有不善也曰有物有則則性非無善可知也曰民之秉彝好是懿德則性非好善而又好暴也宇宙誰非同類卽儒冠儒服猶是窮理盡性之儔統性於天則降衷有恆何嘗於蒸民而歧視也詩非僅爲山甫詠也天壤更無異人卽希聖希賢庸非具性含生之質寓性於德則來今往古誰其於民彝而淡忘也詩若不爲山甫發也人生之品類繁矣受中定命之先覆載無私莫不以有生之

初共此本然之心理詩人篇章之著將於此而識其意也論性不論氣者說不備剛柔强弱莫由究厥淵微論氣不論性者理不詳開塞昏明不能知其本始數言若揭何難據以發明乎引詩詞而玩味及之不如見穆如清風之致哉被蒼之眷顧隆矣與氣合虛之始彝良是守疇弗以得天者厚葆此固有之知能詩人諷詠之微將於此而尋其旨也溯本體之虛靈而賢智非優者庸愚非絀論初生之天爵而王公何貴者士庶何卑四海雖遙有不同茲懿美乎舉詩言而紬繹深之不可見昭假于下之眞哉孔子歎爲知道其信然乎

賦得遠樹望多圓 得淮字五言八韻

趙士琛

多少天邊樹揚帆渡古淮濃陰圓處好遠景望中佳結蓋虬
枝羃調簧鳥語喈團空疑橘化補缺認松排環抱晴村外盤
囷碧水涯月來遥對鏡風定不横釵面面蒼顔秀童童綠色
皆新詩吟太傅簪筆侍
堯階